»Glaub mir, es ist das Paradies«
Richard in dem Film »The Beach« (2000)

Liebe Leser,

es ist kaum möglich, sich nicht in Thailand zu verlieben. Wer seine Landschaften vom tropischen Regenwald des Nordens bis zu den Traumstränden des Südens kennen gelernt hat, wird immer wieder zurückkehren wollen. Wer die überwältigende Herzlichkeit und Lebensfreude der Thailänder erfuhr, wird sich wünschen, dies könnte auch Teil seines Lebens sein. Und wer gesehen hat, wie die reiche Geschichte des Landes sich nicht nur in Denkmälern, sondern auch in der Kultur des Alltags niederschlägt, der wird Land und Leute darum beneiden.

Es fiel uns daher überhaupt nicht schwer, Menschen zu finden, die uns bei der Produktion halfen. Allen voran der Fotograf Philip Koschel, der Thailand von vielen Besuchen kannte und sich für MERIAN zwei Monate dort aufhielt. Von ihm stammen die meisten Bilder dieses Heftes. Roger Willemsen hingegen erlebte Bangkok aus neuer Perspektive: bei Nacht. Und fand nicht etwa billiges »Nachtleben«, sondern die lebenswertesten Nächte Asiens.

MERIAN-Fotograf Philip Koschel (Mitte) mit dem Team einer TV-Serie

Auch unsere Autorin Carmen Butta kennt Thailand seit langem. Sie erklärt uns die brisante Situation eines Landes, in dem Militär und Polizei ein Eigenleben führen und das weit von demokratischen Verhältnissen entfernt ist. Auch das sollten Sie wissen, wenn Sie demnächst in ein Luxusresort reisen, im Dschungel campieren oder sich durch Bangkoks Nächte treiben lassen.

Wir zeigen Ihnen, wo das am schönsten ist, denn in das Land des Lächelns werden Sie sich auf jeden Fall verlieben.

Herzlich Ihr

Andreas Hallaschka
MERIAN-Chefredakteur

34 BANGKOK
Kühle Drinks in der heißen Stadt: 24 Stunden in der Megacity

60 SPARURLAUB
Anreise mit Rucksack, schlafen am Strand: Das geht noch immer

Verlockend: die sanfte Andamanensee am Strand von Khao Lak

LUXUSURLAUB
Drei der edelsten Quartiere: Wellness pur, Urwald light und Cuisine haute

MERIAN kompass

88 ETHNIEN
Rückzug in die Berge: junge Frauen vom Volk der Lisu

SKIZZEN AUS THAILAND

1977 1991 2001 2010

Die MERIAN-Titelbilder geben die Entwicklung des Reiselands Thailand wieder – vom exotischen Fernziel für Kulturreisende bis zum Urlaubsziel mit Garantie für Sonne, Strand und Wohlleben. Dass auch die thailändischen Mönche ihre Strände lieben, haben wir diesmal ins Bild gerückt.

SÜSSSPEISEN

Nichts für hohle Zähne

Gelobt sei die Thai-Küche! Ihre Raffinesse ist weltbekannt, der Stolz der Thailänder auf ihre Speisen steht dem der Franzosen nicht nach. Wenig beachtet sind allerdings die Desserts. *Khanom chan,* zum Beispiel, das Hüftgold des Fernen Ostens. Die Blätter der Schraubenpalme *(Pandanus amaryllifolius)* sorgen für Farbe und den bitter-herben Geschmack, der Rest sind Fett und viel, viel Zucker.

TUK-TUKS

Vespas Weltreise

Der knatternde Motorroller der italienischen Firma Piaggio ist das wohl erfolgreichste Vehikel der Welt. In Italien war er die Basis des Minilasters »Ape C« aus dem Jahr 1956, der wiederum war Vorbild jener Kreuzungen aus Moped und Omnibus, die in ganz Asien herumhuschen und in Thailand das Straßenbild bestimmen. Sie bieten Platz für zwei Passagiere, verbrauchen rund drei Liter Sprit und schaffen, wenn auch nur mit langem Anlauf, 60 Stundenkilometer.

One night in Bangkok
Makes a hard man humble
Not much between despair and ecstasy
One night in Bangkok
And the tough guys tumble
Can't be too careful with your company
I can feel the devil walking next to me

Das Lied kennt jeder, doch worum geht es hier? Um die Verlockungen des Babels Bangkok? Nein, der Song stammt aus dem Musical »Chess«, Thema sind Bobby Fischer und Wiktor Kortschnoi und die Schwierigkeit, sich in Bangkok auf ein entscheidendes Schachduell zu konzentrieren …

Murray Head, 1984, Goldene Schallplatte 1985. Deutsche Fassung 1985: Jürgen Drews (»Bei Nacht in Bangkok«), neueste Fassung 2005: Vinylshakerz

HUNDE-WELLNESS
Salve canem

Es ist eine böswillige Legende, dass der beste Freund des Menschen östlich des Brahmaputra regelmäßig im Kochtopf landet. Nein, in Bangkok landet er viel eher auf der Massagebank, gestützt von vorgewärmten Tüchern, massiert mit heißen Kräuterpackungen. Sich um jede Kreatur verdient zu machen, ist eine buddhistische Grundhaltung. Terrier wissen das zu schätzen.

FAIRER HANDEL
Das Dorf der Weberinnen

Überall in der Dritten Welt setzen sich Industrieprodukte durch, zu Lasten heimischer Traditionen und Arbeitsplätze. Das gilt besonders für den Textilmarkt. Überall? Nein. Ein Dorf hält dagegen, in Sawang Boran wird Seide nach alter Art gewebt und gefärbt, mit reinen Naturmaterialien. Nur mit internationaler Hilfe können solche Projekte überleben. Wer das Dorf nahe Ban Phai unterstützen will, kann sich unter **www.sawangboran.com** informieren.

ELEFANTEN
Försters Urwaldriesen

Bodo Förster hat sich einen Traum verwirklicht. Der Tierpfleger, der einst in Ostberlin Elefanten hütete, ließ sich in Thailand zum Mahut ausbilden. Heute leitet er drei Camps 60 Kilometer nördlich von Chiang Mai und bewahrt die Population der grauen Riesen vor weiterem Niedergang. Elefantenführerkurse gibt es unter **www.elephant-tours.de**

MIEZEN-HEIMAT
»Die siamesische Katze ist ein ebenso seltenes wie schönes Tier und zeichnet sich durch die ihr eigentümliche Färbung aus.« *Bungartz, Illustriertes Katzenbuch, 1896*

SKIZZEN AUS THAILAND

THAIBOXEN
Die Schienbein-Krieger

Muay Thai ist hart und blutig, ein traditioneller Sport, entwickelt aus einer Kriegskunst. Ein Thaiboxer kämpft mit Bein, Knie, Ellbogen und Fäusten, und er schlägt auf alles außer Unterleib, Hinterkopf, Rücken und Knie. Dabei sind je nach Stil auch äußerst unschöne Tritte (etwa mit dem Knie ins Gesicht) erlaubt. Gleichwohl: In Thailand ist die Klopperei der kleinen Kämpfer extrem beliebt. Seit kurzem gibt es sogar eine Profiliga für Frauen.

SO	MO	DI	MI	DO	FR	SA
Sonne	Mond	Mars	Merkur	Jupiter	Venus	Saturn
Rot	Gelb	Rosa	Grün	Orange	Himmelblau	Violett

FARBSYMBOLIK
Montags gelbmachen

Nicht nur, dass die Wochentage einer bestimmten Farbe und einem Himmelsgott zugehören, sie sind auch mit allerlei Bedeutungen und Tabus versehen. Der Samstag ist gut zum Haarewaschen, der Donnerstag für Geschäftseröffnungen. Ein komplizierter Kosmos. Dafür fällt die Wahl der Krawatte umso leichter.

NICHT BERÜHREN! Ein Kuss in der Öffentlichkeit ist in Thailand vollkommen unüblich, nicht einmal ein Kinderküsschen auf die Wange entspricht der Etikette. Was aber geht: Schnuppern. Ein Fast-wäre-es-geschehen-Versprechen

NATIONALHYMNE
Deutsche Noten

Morgens um acht und abends um sechs ertönt aus sämtlichen Lautsprechern des Landes die Nationalhymne. Dann halten alle inne und stehen still, was man auch von Ausländern erwartet. Deutsche haben dazu besonderen Anlass: Die schmissige Marschmusik wurde 1931 von Peter Feit alias Piti Waityakarn komponiert, dem Sohn des deutschen Abenteurers und thailändischen Hofkapellmeisters Jacob Feit.

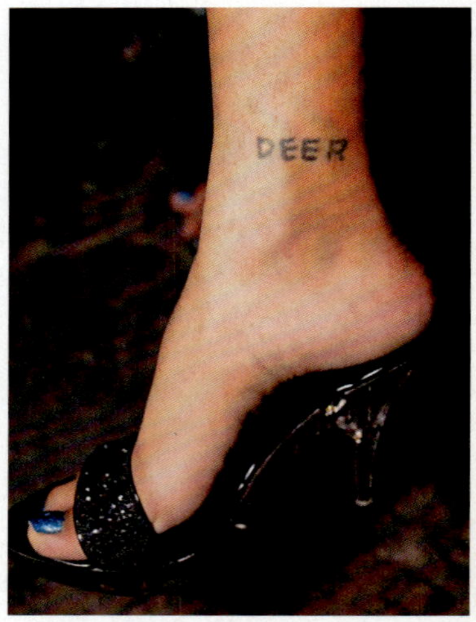

SPITZNAMEN
Deer who?

Spitznamen aus dem Englischen sind so beliebt, dass sie im Alltag die wahren Namen fast verdrängt haben. Ihre neue Bekanntschaft – nennen wir sie »Deer« – wird sich so in keinem Telefonbuch finden. Selbst Generäle werden in der Presse beim Nickname genannt. Übrigens: Der häufige Namensbestandteil Porn bedeutet »Segen«.

Thai Airways International – 50 Jahre Service

2010 feiert Thai Airways, die vielfach preisgekrönte Fluggesellschaft Thailands, ihr fünfzigjähriges Jubiläum. Vor einem halben Jahrhundert gegründet, steht Thai Airways heute wie damals für sicheres und komfortables Reisen rund um den Globus. Mehr als 70 Ziele in 35 Ländern auf fünf Kontinenten werden von der Airline angeflogen. Jährlich vertrauen rund 18 Millionen Passagiere weltweit auf die thailändische Gastfreundschaft und exzellenten Service an Bord – gemäß dem Firmenslogan „smooth as silk".

Bereits seit 1973 verbindet das Gründungsmitglied der Star Alliance auch Deutschland mit seinem Luftfahrtdrehkreuz Bangkok. Zweimal täglich von Frankfurt aus und einmal täglich ab München bringt Thai Airways Reisende ohne Zwischenstopp in Thailands faszinierende Hauptstadt, in der einzigartige kulturelle Sehenswürdigkeiten wie der Königspalast und zahllose Tempel ebenso zu Hause sind wie traditionelle Märkte, moderne Einkaufszentren oder angesagte Bars und Clubs.

Wer sich nach der Erkundung Bangkoks nach einem entspannenden Strandurlaub unter Palmen, einzigartigen Tauchrevieren oder weitläufigen Nationalparks sehnt, dem bietet Thai Airways beste Verbindungen zu insgesamt elf innerthailändischen Zielen – darunter Koh Samui, Krabi und Phuket. Anschluss besteht außerdem an viele weitere beliebte Urlaubsdestinationen wie Bali oder Vietnam, und selbst das andere Ende der Welt, Australien und Neuseeland, wird mehrfach täglich von Thai Airways angeflogen.

Bester Service in allen Klassen

An Bord von Thai Airways genießen Fluggäste die Annehmlichkeiten von drei verschiedenen Serviceklassen: die luxuriöse „Royal First", die exklusive „Royal Silk" sowie die großzügige Economy Class. Für welche Klasse Reisende sich auch entscheiden – immer können sie ein Höchstmaß an individuellem Service und Komfort erwarten. Großzügige Sitzabstände, abwechslungsreiches Bordunterhaltungsprogramm, vorzügliches Essen – inklusive zahlreicher vorbestellbarer Sondermenüs für spezielle Wünsche – und aufmerksames Personal erwarten die Kunden und garantieren entspanntes Reisen über den Wolken. Die konstant hohe Qualität spiegelt sich unter anderem in den Ergebnissen der Skytrax World Airline Awards 2009, vergeben auf Basis der weltweit größten Umfrage unter Flugreisenden, wider. Dort konnte sich Thai Airways erneut unter den Top 10 aller Fluggesellschaften platzieren.

„smooth as silk"

Drehkreuz Bangkok – Tor zur Welt

Herzstück des erst Ende 2006 eröffneten Flughafens Suvarnabhumi International ist ein eigener, über 5.000 Quadratmeter großer Bereich für Premiumkunden, der separate Check-in-Schalter, ein À-la-carte-Restaurant, ein voll ausgestattetes Business-Center und Konferenzräume sowie insgesamt sechs Lounges umfasst. Die „Royal First" Lounge mit ihrer eleganten Kombination von modernen Formen und traditionellen thailändischen Designelementen wurde im Rahmen der letztjährigen Skytrax World Airline Awards zur besten First Class Lounge weltweit gekürt. Als Teil des Loungekonzepts lädt außerdem das einzigartige, kostenlos nutzbare „Royal Spa" First und Business Class Passagiere mit Sauna, Dampfbad und traditioneller Thai-Massage zum Entspannen ein.

Royal Orchid Holidays – Urlaub rund um den Globus

„Royal Orchid Holidays", das schon 1969 von Thai Airways eingeführte Stopover-Programm, erstreckt sich heute auf mehr als 106 Reiseziele in 36 Ländern und ergänzt die umfassende Auswahl an Flügen um attraktive Hotelangebote sowie eine große Bandbreite an Exkursionen, speziellen Sightseeing-Touren oder Sportaktivitäten. Nach dem Baukastenprinzip können alle Bestandteile individuell miteinander kombiniert und dadurch den jeweiligen Bedürfnissen und Wünschen angepasst werden. Allein in Thailand werden im Rahmen von Royal Orchid Holidays über 220 Hotels an 35 Orten und mehr als 370 verschiedene Ausflugsoptionen angeboten.

Kontakt

Thai Airways International
www.thaiair.de

Frankfurt/Main
Tel. 069 – 92 87 44 44
E-Mail: fra@thai-airways.de

München
Tel. 089 – 24 20 70 10
E-Mail: muc@thai-airways.de

Royal Orchid Reiseservice GmbH
Alzenau
Tel. 06023 – 91 71 30
E-Mail: info@royalorchid.de
www.royalorchid.de

Rattawut Lapcharoensap in der Erzählung »Farangs« (2005). Das Wort ist thai und bedeutet »Ausländer«

Die Sonne ist in unseren Rücken gew

übers glatte Meer, und ich glaube zu begreifen,

diese Insel zu sehen, warum sie so weit reisen,

Die Fähre von Phuket passiert zwei unbewohnte Felseninseln auf dem Weg nach Ko Phi Phi (ganz rechts). Nächstes Mal, denken die Passagiere, kommen wir auch mit dem eigenen Dreimaster

ndert, ihre Strahlen flattern
warum Farangs von so fern kommen, um
um meine Heimat zu besuchen

FOTOS **PHILIP KOSCHEL**

Auf Ko Yao Noi haben Kinder ihr erstes Federvieh erworben. Wie vielerorts in Ostasien, gehört auch in Thailand ein Singvogel in jedes Haus. Auf Vogelmärkten wird vom kleinen Piepmatz bis zum schillernden Hahn alles verkauft, was Federn hat, leider oft auch geschützte Arten

Die Kinder lachen und die Vögel singen

Einmal im Leben am Superstar aller Strände

Seit Leonardo DiCaprio hier »The Beach« drehte, gilt die Maya-Bucht auf Ko Phi Phi Leh als Traumstrand der Welt. Man hört von Touristen, die aus dem einzigen Grund nach Thailand reisen, hier einmal gebadet zu haben. Ungeachtet der Tatsache, dass die wirre Filmgeschichte böse endet

Tempel für die Götter, Kracher für die Geister

Der Wat Bang Phra besteht aus einer ganzen Reihe von Tempeln und Schreinen. Das reicht aber nicht, um alle guten und bösen Geister unterzubringen, die in Thailand omnipräsent sind. Hier wurde gerade einer mittels Kanonenschlag vertrieben

Blumen, Andacht und Verehrung für den goldenen Buddha

Fast jeder Thai verbringt eine gewisse Zeit seines Lebens im Kloster, die Verehrung Buddhas gehört für viele zum Alltag. Bei Chiang Mai im Norden des Landes steht die Tempelanlage Wat Phra That Doi Suthep, in der Gläubige durch goldverkleidete Gänge zu einem Reliquienschrein geleitet werden

Der Regenwald ist
für die grauen Riesen
das Altersheim

Kaum ein Verhältnis zwischen Tier und Mensch ist intensiver als das zwischen Elefant und Mahut. Die Betreuer teilen ihr Leben mit den Arbeitstieren. Ein Hotel im Norden Thailands hat sich kranker und alter Elefanten angenommen, und auch der Mahuts und ihrer Familien. Gäste können lernen, mit den Urwaldriesen umzugehen (s. Seite 118)

Um die Jahreswende ist Hochsaison auf Ko Samui, wer in Europa vergeblich auf weiße Weihnachten gehofft hat, wird hier fündig: Der Sand ist so weiß wie Schnee

Foto: Mario Weigt

Die Hoffnung auf Glückseligkeit liegt am Strand

Ihr Name ist Kusawae, sie trägt die Tracht eines Bergvolkes. Authentisch ist das allerdings nicht; die Schauspielerin wirkt in der TV-Serie »Zurück in die Zukunft« mit

Spenden im Kloster Wat Bang Phra: Räucherstäbchen, Blumen und, ersteren offenbar unterlegen, Bargeld. Die Mönche tätowieren dafür schützende Symbole und Parabeln

Ein Land voller Schönheit, im Großen und im Kleinen

Foto: Philip Koschel

September 2009:
Ein buddhistischer Mönch fordert
Demokratie durch Gewaltfreiheit

Das Pulverfass

Das wunderschöne Thailand ist zugleich ein Land der Militärputsche und alles andere als demokratisch

TEXT **CARMEN BUTTA**

Als junge Rucksacktouristin war ich das erste Mal in Thailand – weit oben im Norden, beim Bergvolk der Akha. Und ich war verzaubert. Die Luft schmeckte nach Ingwer und Opiumrauch, den die Männer vor den Bambushütten aus ihren Pfeifen aufsteigen ließen. Und auf den Dorfpfaden hallte ein feines Klingeln wider – von Metallkugeln, die an den Kappen und Lederstulpen der Frauen hingen. In ihrer farbprallen, mit Perlenschnüren verzierten Tracht schleppten sie alle irgendetwas auf dem Buckel: Kinder oder Feuerholz, Körbe mit Chili und Koriander, Mangofrüchte.

Lächelndes, sanftes Thailand.

Jahre später, 1997, kam ich zurück – diesmal als Reporterin an der birmanischen Grenze. Ich lief vorbei an verkohlten Baumstümpfen, zerschmolzenen Kanistern und von der Hitze verzogenen Kochtöpfen, vorbei an einem Kind, das aus dem Brandschutt Nägel klaubte. Schutt, wo wenige Tage zuvor noch die Hütten eines Flüchtlingslagers standen. Wie alle anderen ethnischen Minderheiten in Birma, hatten über 100 000 Menschen vom Volk der Karen in Thailand Schutz vor Verfolgung gesucht. Doch auch hier waren sie den Attacken des birmanischen Militärs ausgesetzt – meist nachts, unter den Augen der untätigen thailändischen Grenztruppen.

Immer dichter webte die Regierung in Bangkok seit Ende der 1980er Jahre Wirtschaftsbeziehungen zur birmanischen Diktatur, um Edelsteine zu importieren und vom Nachbarn Lizenzen für Fischerei und das Fällen von Teak-Bäumen zu erhalten. Dafür nahm sie die Vertreibung der Minderheiten in Kauf.

Als Thailand sich schließlich auch an der Ausbeutung gewaltiger Gasvorkommen in Birma beteiligte, spitzte sich das Flüchtlingsdrama zu. Für die erste von mittlerweile drei Pipelines räumte das Terrorregime, in Absprache mit dem thailändischen Militär, ganze Gebiete frei. Gleichzeitig schickte die Regierung in Bangkok Hunderte politische Asylsuchende nach Birma zurück und hält Zigtausende Vertriebene ohne Schutz direkt an der Grenze in Lagern fest. Bis heute hat Thailand die Genfer Flüchtlingskonvention nicht unterzeichnet.

»Die Politiker in Bangkok haben unser Militärregime für das Handelsbündnis Südostasiatischer Staaten salonfähig gemacht«, bedauerte damals die birmanische Oppositionspolitikerin und Friedensnobelpreisträgerin Aung San Suu Kyi, die schon seit Jahren von den Generälen unter Hausarrest gehalten wird.

Und was sagt man in Thailand dazu? Wir saßen in Bangkok im »Starbucks Café« an der sechsspurigen Sukhumvit, befreundete Journalisten und politische Aktivisten. Wieder einmal kreiste das Gespräch um Birma. »Und hier in Thailand wird nur gelächelt«, raunte eine der Korrespondentinnen. »Weggelächelt«, ergänzte ein englischer Kollege mit müder Stimme und fuhr fort: »Wer erfährt schon von den zig Leuten, die jährlich wegen des Königsgesetzes ins Gefängnis wandern?«

Kritik am Königshaus wird im ehemaligen Siam-Reich als schweres Verbrechen geahndet – als *lèse majesté*, Majestätsbeleidigung. König Bhumibol greift aktiv und willkürlich ins politische Geschehen ein. Selbst für die harmloseste Bemerkung über ihn drohen bis zu 15 Jahren Gefängnis. In den siebziger Jahren hatte der »Vater aller Thais« die Strafen nochmals verschärfen lassen und damit das weltweit grimmigste Gesetz für Kritik an der

Monarchie geschaffen. Der Engländer blickte in die Gesichter seiner Kollegen. »Selbst wir Auslandskorrespondenten und auch die Diplomaten – alle hier kuschen vor dem Königsgesetz.« Schweigen in der Runde.

Die Selbstzensur hat dazu geführt, dass auch in der westlichen Presse ein geschöntes Bild der Monarchie und der Politik Thailands kursiert. Bis heute. Von März 2008 bis Juni 2009 hat das Ministerium für Informationstechnik allein 8300 Webseiten wegen Majestätsbeleidigung gesperrt.

Dreimal seit Dezember 2008 wagten es die Pressegrossisten nicht, das britische Wochenmagazin *The Economist* auszuliefern – wegen kritischer Berichterstattung über den König und weil darin über den Schriftsteller Harry Nicolaides informiert wurde. Der Australier war in Bangkok zu drei Jahren Gefängnis verurteilt worden – wegen eines einzigen Romanabsatzes über einen haltlosen, namenlosen Kronprinzen, in dem die Zensurbehörde Prinz Maha Vajiralongkorn erkannt haben will.

Doch Zensur beschränkt sich in Thailand nicht nur auf *lèse majesté*. 50000 Webseiten sind von verschiedenen staatlichen Stellen aus den unterschiedlichsten Gründen gesperrt. 2007 war sogar YouTube monatelang blockiert. Nun richtet die Informationstechnik-Behörde für fast eine Million Euro einen »War Room« ein, um rund um die Uhr ungenehme Online-Äußerungen aufzuspüren.

Mich überfielen vor knapp zehn Jahren Mitarbeiter des Informationsministeriums sogar im Hotel und drängten mir eine Aufpasserin auf, die während der gesamten Dreharbeiten nicht mehr von meiner Seite wich. Penibel notierte die stets lächelnde Kontrolleurin die Zahl der Filmkassetten und sogar die gedrehten Zeitabschnitte.

Der Dokumentarfilm zeigte die Arbeit einer Frau, die mittlerweile jeder in Thailand unter dem Namen »Dr. Death« kennt. Immer wieder sorgt die Gerichtsmedizinerin Pornthip Rojanasunan für Schlagzeilen, weil sie den Toten Gerechtigkeit verschaffen will und dabei auch die unantastbarsten Männer des Landes anklagt: Politiker, Polizisten, hohe Beamte, Militärs. Seitdem wird die 55-Jährige von Morddrohungen verfolgt. Doch ihre Beliebtheit schützt sie. Sogar meine Aufpasserin sympathisierte mit Dr. Death und ließ mich irgendwann ungehindert am Obduktionstisch filmen.

Als die Regierung damals ihren populistischen »Krieg gegen Drogen« führte, wurden bei Großrazzien innerhalb von drei Wochen über 600 Menschen getötet – kriminelle Opfer des Bandenkriegs, wie die Polizei behauptete. Doch anhand der Obduktion und der Untersuchung von Patronen wies Dr. Pornthip die Wahrheit nach: Viele waren Mordopfer von korrupten Polizisten, die deren Aussagen fürchteten.

Mit ihren Ergebnissen in der Hand stürmte die Gerichtsmedizinerin das Parlament – mit unserem Filmteam im Gefolge. Empört hielt sie Politikern und anwesenden Polizeichefs Bilder

Seit Jahren taumelt das Land am Rande des Chaos

Dezember 2008: Tausende Rothemden blockieren das Parlament. Sie fordern die Rückkehr des vom Militär abgesetzten Premiers Shinawatra

von Opfern vor, die im Gefängnis zu Tode gefoltert worden waren.

Drahtzieher des dubiosen »Kriegs gegen Drogen«, dem insgesamt 2894 Menschen zum Opfer fielen, war der damalige Premierminister Thaksin Shinawatra. Durch die Einführung einer Krankenversicherung und die Vergabe von Mikrokrediten hatte der reichste Mann Thailands sich die Zustimmung der Landbevölkerung gesichert. Gleichzeitig gelang es ihm, Mitglieder seiner Familie auf höchsten Stellen im Staatsapparat einzusetzen – seinen Cousin als hohen Befehlshaber der Streitkräfte und seinen Schwager als stellvertretenden Chef der nationalen Polizei.

Mit einem Putsch, dem 18. innerhalb von 74 Jahren, beendete das Militär 2006 Thaksin Shinawatras Herrschaft – doch nicht, wie behauptet, wegen seines Nepotismus oder wegen Korruption, sondern weil sich die Monarchie von dem starken Premier in ihrer Macht bedroht fühlte. Seither taumelt das Land am Rande des Chaos.

Nun kann nicht mehr weggelächelt werden, dass Thailand in seinem Wesen keine Demokratie ist: Militär und Polizei sind eigene politische Mächte, von ihnen sind Abgeordnete wie Minister abhängig. Sie unterstehen keiner parlamentarischen und öffentlichen Kontrolle, überwachen Medien und unterbinden das Entstehen einer Zivilgesellschaft. »Die Demokratie ist in Thailand lediglich ein Legitimationssymbol«, sagt der Politologe und Fernostexperte Aurel Croissant von der Heidelberger Universität, »alles nur Fassade. Und wenn der alte König nicht mehr ist, könnte das Land, durch eine Polarisierung der Fronten, in einen bürgerkriegsähnlichen Zustand rutschen.«

Die politische Bühne ist heute zweigeteilt. Mal triumphieren die entfesselten Horden der monarchistischen Gelbhemden und besetzen wochenlang die Flughäfen der Hauptstadt, um die neugewählte und immer noch Thaksin-nahe Regierung zu stürzen. Mal belagern die Horden der Thaksin-treuen Rothemden den Amtsitz des Monarchie-nahen Premierministers. Die alten Eliten der Stadt – Akademiker, alteingesessene Unternehmer, weite Teile des Militärs – befeuern den gelben Mob. Und mit dem roten zündelt eine Sammlung von aufstrebenden Eliten – Unternehmer neuer Branchen, Bauernführer, Gewerkschafter, Lokalpolitiker aus der Provinz.

Das Land ist ein Pulverfass – allerdings eines, das noch unter Kontrolle steht. Auch der kürzlich wieder aufgeflammte Konflikt um den Besitz einer Tempelanlage an der kambodschanischen Grenze wird wohl nicht eskalieren. Die beiden Länder vereint das Interesse an den im Golf von Thailand vermuteten Öl- und Erdgasfeldern.

Der einzige ernsthafte Gefahrenherd liegt im Süden des Landes, entlang der malaysischen Grenze, wo radikale Muslime gegen jahrzehntelange Unterdrückung, Folter an Gefangenen und Willkür mit fast täglichen Anschlägen rebellieren. Über 3500 Menschenleben hat der Aufstand seit 2004 gekostet.

Nach wie vor, solange man die Aufmärsche der Rot- und Gelbhemden meidet, ist Bangkok eine der ungefährlichsten Megacities dieser Welt. Ob Mumbai, Kairo, Mexiko-Stadt oder São Paulo – nirgendwo habe ich mich als Frau so sicher gefühlt wie in Thailands Kapitale – sogar nachts und sogar auf Recherche im Rotlichtviertel. Ich sehe noch die schrillen Ladyboys neben mir, zum Ende der Nacht, vor einer Garküche stehen – in zerrupften Federboas, mit verrutschtem Haarschmuck und zerflossener Schminke. Sie schlingen Paprika mit Schweinehals und kippen Mekongwhisky dazu, zwitschern mir blumige Abschiedsworte zu und lächeln ihr sanftes Thai-Lächeln, wenn ich dann im Morgengrauen über den weiten Sanam-Luang-Platz allein zurückgehe. ■

Carmen Butta *ist Italienerin, lebt in Hamburg und ist überall auf der Welt zu treffen, wo Menschenrechte zu verteidigen sind. Der Dokumentarfilmerin gelang es 1997, unter falscher Identität und an den Wachsoldaten vorbei zu der Friedensnobelpreisträgerin Aung San Suu Kyi in Rangun vorzudringen.*

König des Volkes?

Er ist ein Monarch, der sich im Stil orientalischer Gottkönige präsentiert. Dabei setzen sich Bhumibol und Königin Sirikit immer wieder für die Demokratie ein. Manchmal sogar als einzige

Niemand in Deutschland dachte im Jahre 1960 daran, in Thailand Urlaub zu machen. Thailand war weit und geheimnisvoll, ein Königreich wie aus dem Märchen, irgendwo jenseits von Shangri-La.

Dann aber kamen zwei junge Menschen nach Bonn, deren Anmut und Klugheit im Lande Adenauers so überraschte wie Champagner an einer Würstchenbude. Das thailändische Königspaar Bhumibol und Sirikit reiste durch Europa und Amerika und hinterließ eine Spur des Staunens. Der Herrscher aus dem fernen Osten war alles andere als ein Potentat, er erwies sich als weltgewandter und zukunftsorientierter als mancher seiner europäischen Gastgeber, was beim deutschen Bundespräsidenten Lübke allerdings nicht schwer fiel.

Bhumibol Adulyadej, König Rama IX., war damals 32 Jahre alt, aber bereits 14 Jahre »im Amt«. Er war der neunte König der Chakri-Dynastie, die Siam seit 1782 beherrschte.

Er ist es noch heute. Der Zauber des Exotischen mag verflogen sein, die Yellow Press kann längst ohne sie auskommen, für Thailand aber ist das Herrscherpaar immer bedeutender geworden. Die beiden – selten dass König oder Königin allein auftreten – haben ihr Land auf dem Weg in die Moderne geführt und seine bis heute ungefestigte Demokratie mehr als einmal per Machtwort gerettet.

Dass sie das konnten, liegt auch an beider »westlicher« Sozialisation. Bhumibol ist in Cambrigde/Massachusetts geboren und in Lausanne in der Schweiz aufgewachsen, wo er auch Naturwissenschaften studierte. Ein sportlicher, von Jazz begeisterter junger Mann, der seine Heimat nur auf Stippvisiten kennen gelernt hatte.

König war seit 1935 Bhumibols älterer Bruder Ananda Mahidol als Rama VIII. Er herrschte die meiste Zeit allerdings nur nominell und von der Schweiz aus. Ende 1945 begleitete Bhumibol seinen Bruder nach Thailand. Ananda Mahidol kam dort im Juni 1946 unter ungeklärten Umständen ums Leben. Bhumibol trat die Thronfolge an, kehrte aber zunächst nach Lausanne zurück, wo er von Naturwissenschaften auf Jura und Politik umsattelte.

Sein Studieneifer hinderte ihn nicht daran, seiner Freude an schnellen Autos nachzugeben, und das sollte Folgen haben. Als er nach einem Unfall im Krankenhaus lag, bekam er täglich Besuch von einer bildschönen Diplomatentochter: Mom Rajawongse Sirikit Kitiyakara. Sie ist bis heute an seiner Seite geblieben. Die beiden heirateten am 28. April 1950 in Bangkok, und kurz darauf, am 5. Mai, wurde Rama IX. offiziell gekrönt.

Eine Banknote zu zerknüllen ist bei Strafe verboten – denn jede zeigt das Bild des Königs

Der König von Thailand hat traditionell eine starke Stellung. Laut Verfassung ist er Staatsoberhaupt, Bewahrer der Religionen und Oberkommandierender der Streitkräfte, vor allem aber ist er für jeden Thailänder höchste und unantastbare Autorität. Sein Wort hat quasi Gesetzeskraft, obwohl Thailand formal eine parlamentarische Demokratie ist. Niemand würde es wagen, Kritik am König zu üben, und das nicht nur weil die Verehrung des Herrschers ist tief in den Herzen seines Volkes verankert wäre, sondern vor allem weil es streng verboten ist.

Seine Machtausübung zeigt dabei durchaus Formen, die im 21. Jahrhundert selten geworden sind: Noch heute wird bei hohen stattlichen Anlässen *racha-sap* gesprochen, der „königliche Wortschatz“, eine aus alten Sprachformen und Sanskrit zusammengesetzte Hofsprache. Noch heute wird jeder bei Erscheinen Seiner Majestät in die Knie gehen, selbst Premierminister oder Militärkommandanten. Bei Audienzen sitzen thailändische Besucher dem König auf dem Thron zu Füßen. Wer Bhumibol etwas überreicht, kriecht quasi auf ihn zu, zieht den Kopf ein und hält die Gabe über demselben.

Auch Abbildungen des Königs hat man in Thailand mit Respekt zu begegnen, und das gilt nicht nur für die in jedem Fenster ausgestellten Porträts, sondern auch für Briefmarken und Geldscheine, die das Konterfei des Königs zeigen. Eine Banknote zu zerknüllen ist in Thailand tatsächlich eine Straftat.

Die Angst vor Strafe ist dabei durchaus berechtigt, Tausende haben die Härte des Gesetzes kennengelernt, auch wenn sie nur leise Kritik am Königshaus geübt haben. Die Beliebtheit des Königspaars ist gleichwohl bei vielen keineswegs vorgetäuscht, Bhumibol und Sirikit haben sie sich vielmehr in Jahrzehnten durch ihre Volksnähe erarbeitet.

Sie waren das erste Herrscherpaar, das alle Regionen des Landes bereiste und sich um soziale und ökonomische Belange und Probleme der Bevölkerung kümmerte. Zahlreiche Stiftungen, von den beiden initiiert, wirken heute in den Brennpunkten des Landes. Bhumibol selbst arbeitete an Lösungen mit, seine naturwissenschaftliche Bildung half ihm dabei, er baute einen Teil des Chitralada-Palastes zum Labor aus, forschte und entwickelte vor allem für die Landwirtschaft. Der König hat heute eine Vielzahl von Patenten inne.

2009 wurde der König 82 Jahre alt. Sirikit war wie stets an seiner Seite, auch wenn der schwerkranke Monarch die Feierlichkeiten nur zum Teil mitverfolgen konnte

Sein größter Erfolg war die Erfindung einer Methode, Wolken über Dürregebieten abregnen zu lassen, mindestens ebenso wichtig seine Bemühungen, Bauern Alternativen zum Opiumanbau aufzuzeigen.

Höchsten Respekt verschaffte sich der König, als es darum ging, die demokratischen Kräfte des Landes zu stützen. Thailand ist seit 1932 eine konstitutionelle Monarchie. Immer wieder jedoch versuchte das Militär, die Macht im Land zu übernehmen.

Ob Putschistengeneral oder Demokrat: Vor dem König müssen alle auf die Knie

Als 1971 der rechte Militär Kittikachorn putschte und dann 1973 bei Demonstrationen demokratischer Kräfte in die Menge schießen ließ, tat Bhumibol etwas zuvor Undenkbares: Er öffnete einen seiner Paläste und gewährte den Demonstranten dort ausdrücklich Asyl. Für die Todesopfer des Militärputsches ordnete er Staatsbegräbnisse an.

Im Februar 1991 setzten Generäle die selbst für thailändische Verhältnisse ungewöhnlich korrupte Regierung ab und riefen das Kriegsrecht aus. Als sich die Proteste dagegen im Lande ausbreiteten und Bürgerkrieg drohte, beorderte der König General Suchinda und den Anführer der Demokratiebewegung Srimuang zu sich. Sie mussten, wie jeder, vor dem Herrscher auf die Knie, und sie mussten sich eine geharnischte Strafpredigt anhören. Der Clou: Bhumibol hatte die Weltpresse hinzugeladen, die Bilder gingen um die Welt, der Putsch war vorüber, es gab Neuwahlen.

Dass Bhumibol dabei rein demokratische Interessen verfolgte, mag man durchaus bezweifeln; ihm ging es vor allem immer um die Unantastbarkeit seiner Person. Auch bei den Unruhen 2006 war es schließlich der König, der Normalität wieder herstellen konnte. Bhumibol und Sirikit haben 27 Premierminister kommen und gehen sehen und mehr als ein Dutzend Staatsstreiche überlebt, am 5. Dezember 2009 feierte der König seinen 82. Geburtstag. Wer ihm eines Tages auf den Thron folgen wird, ist unklar.

Seit 63 Jahren herrscht König Bhumibol, so lange wie nur ein anderer Monarch: Frankreichs Ludwig XIV. brachte es auf 72 Jahre. Für Thailand wäre es das Beste, der König würde auch diese Bestmarke toppen. ■

Stadt der

»Stadt der Engel, große Stadt, Residenz des heiligen Juwels, uneinnehmbare Stadt des Gottes Indra, große Hauptstadt der Welt, geschmückt mit neun wertvollen Edelsteinen, reich an gewaltigen königlichen Palästen, die dem himmlischen Heim des wiedergeborenen Gottes gleichen, Stadt, die von Indra geschenkt und von Vishvakarman gebaut wurde.«
So lautet der offizielle Name der Zwölf-Millionen-Stadt am Menam Chao Phraya. Westliche Reisende machten es sich einfach und hielten an dem Namen des ursprünglichen Dorfes fest: »Bangkok« heißt übersetzt schlicht »Pflaumenhain«

Engel

So beginnt der wahre Name eines himmlischen Molochs. Bangkok verzaubert, Bangkok verwirrt. Bilder einer mitreißenden Stadt

FOTOS **PHILIP KOSCHEL**

Die Fahrt in die Stadt führt vorbei an Königin Sirikit, die überlebensgroß über die Palastmauer schaut. Und selbstverständlich salutiert der Taxifahrer

»Reich an gewaltigen königlichen Palästen« ist die **Stadt der unantastbaren Herrscher**, die das Schicksal des Landes in Händen halten

Die »große Hauptstadt der Welt« ist auch **Arena des alltäglichen Kampfes ums Überleben.** Hart sind die Gegensätze von Arm und Reich, erstaunlich die Fülle von Engagement und Erfindungsgabe

Auf dem Weg nach oben: kleiner Superheld

Auf dem Weg nach Hause: Blumenverkäuferin

Auf dem Weg in den Kochtopf: lebende Krebse

Ein bisschen Hongkong in Bangkok. Haifischflossen und Schwalbennester sind Spezialitäten in Chinatown

Typisch für die sakralen Bauten Thailands sind die *chedi*, vergoldete Spitztürme wie hier im Königspalast. Die Stützfiguren, Dämonen mit Königskrone, wurden im 19. Jh. ergänzt

»Die uneinnehmbare Stadt des Gottes Indra« ist heute ein **Zentrum des Buddhismus.** Doch auch der alte Glaube an Geister lebt weiter

Die »Schwimmenden Märkte« sind Herz und Magen der Stadt, ein Rausch aus Klängen und Gerüchen. Besucher lassen sich mitten hineinrudern

Das fruchtbare Land beliefert die brodelnde Stadt, damit es der **»Residenz des heiligen Juwels«** an nichts fehlen möge

Die Tage sind heiß und laut, doch wenn der Abend kommt, legt sich ein **Glitzern über Bangkok**, als sei es »geschmückt mit neun wertvollen Edelsteinen«

Kochend heiß: Garküche in Chinatown

Kein fester Preis: chinesischer Goldhändler

Leuchtend weiß: Gardist am Königspalast

Es wird Nacht über Bangkok, die Stadt legt ein Makeup aus Licht und Neon auf, um sich in voller Schönheit bewundern zu lassen – am besten von der »Sky Bar« des Hotels »Lebua at State Tower«

Die Glut von Bangkok

Roger Willemsen durchstreifte drei Monate Bangkok mit seinem Freund Ralf Tooten – Nacht für Nacht. Ihm erschloss sich eine neue Welt, jenseits des Tourismus, auch jenseits all unserer Vorstellungen

FOTOS **RALF TOOTEN**

MERIAN: Sie haben in Bangkok die Nacht zum Tag gemacht. Wie entstand das Projekt?
ROGER WILLEMSEN: Ich bin mit dem Fotografen Ralf Tooten seit einem Fahrradunfall an der Hamburger Alster befreundet. Er lebt seit vier Jahren in Bangkok und zeigte mir Nachtbilder der Stadt. Die Fotos fand ich so inspirierend, dass ich dazu einen Text schreiben wollte. Ich beschloss, ein paar Monate in Bangkok zu wohnen und mit ihm durch die Nacht zu streifen. Ich wollte wissen, welche Versprechen gehen von der Nacht aus, wie lebt man zu diesem Zeitpunkt.

Noch ist die Nacht jung: Tänzerin in der Umkleidepause

Sie waren vor 30 Jahren zum ersten Mal in der Stadt. Wie hat sich Bangkok seitdem gewandelt?
Bangkok ist viel moderner geworden und nimmt stärker an der Gegenwart teil. Es ist aber nach wie vor eine hässliche, eine laute, eine von der Stadtplanung weitgehend unberührte Metropole. Sie spannt die Extreme zwischen der Welt der Reichen und der Armen viel stärker als vor 30 Jahren. Durch die Verlagerung vom Tag zur Nacht hat sich aber mein Blick geändert. Heute kann ich sagen: Bangkok glüht in der Nacht.
Was heißt das?
Es gibt eine zweite Kultur der Nacht. Diese Nachtkultur ist rasant, nicht nur weil sie mit Sex zu tun hat und weil sie eine zweite Welt zeigt, die der Nachtarbeiter. Viele Menschen leben den ganzen Tag auf diesen Eintritt in die Nacht hin. Die Einen strömen aus den Großkaufhäusern, sind erschöpft, gehen nach Hause und machen den Fernseher an. Die Anderen rollen jetzt ihren Teppich aus. Die Nachtmärkte sind plötzlich da. Man sieht Kathedralen aus Lilien. Schlachter transportieren Geflügelherzen in riesigen durchsichtigen Säcken und verkaufen Schlangenblut. Die Farben sind augenblicklich andere. Es entstehen ganz eigene Stillleben. Ich hatte dauernd das Gefühl, das Leben erstarrt in einer Pose – und bleibt schön beleuchtet. Am Tag fällt das Licht unter dem grauen asiatischen Schweinehimmel überhaupt nicht auf. In der Nacht hat es seinen großen Auftritt. Die Stadt wird von

Jeden Abend um 18 Uhr zog er los und kam erst im Morgengrauen heim: ein nachdenklicher Autor bei der Nachtspeise

Kerzenschein, Ampeln und Laternen atmosphärisch aufgeheizt. Das Licht schafft lauter Räume des Nichtgesehenen. Plötzlich gibt es heimliche Zonen, intime Zonen, gefährliche Zonen, weil sich alles in den Schatten drücken kann.

Und die Sexindustrie strahlt wahrscheinlich besonders grell …

Rotlicht und Prostitution werden regelmäßig überbelichtet. Das Nachtleben unterscheidet sich sehr von jenen Klischees, die wir darüber verbreiten. Tatsächlich macht die Sexindustrie nur einen winzigen Teil der Stadt aus. Völlig unterbelichtet bleibt alles Buddhistische. Wirklich erstaunlich an Bangkok ist die buddhistische Grundsituation, das grundsätzliche Interesse, das Lebensgefühl des anderen zu steigern. Die Thais sagen dazu *sanuk*: Alle sollen sich in der Gemeinschaft wohlfühlen und Spaß haben.
Das Nachtleben ist sehr durchlässig. Alle Räume sind erst mal offen. Ich habe mit den *kathoey,* den Ladyboys, Billard und Flipper in den Bars gespielt, im Hafen mit den Matrosen gezecht und früh am Morgen den Menschen im Lumphini-Park beim Schattenboxen zugeschaut. All diese Dinge sind typisch Bangkok. In Hamburg kenne ich kein einziges Kick-Box-Studio, in dem nachts trainiert wird, und ich kenne auch keinen Aura-Fotografen, der in der Nacht empfängt.

Waren Sie überall willkommen?

Die Thais sind mir immer entgegenkommend und erwartungsvoll begegnet. Bangkok macht es dem Besucher furchtbar leicht. Hier wird kein Mensch danach beurteilt, wie groß, fett oder weiß er ist – allenfalls wie amüsant.
Und dann ist da das immense Wohlwollen in Worten und Werken. Mein Zimmermädchen, das ungefähr einen Euro am Tag verdient, hat mir immer Früchte mitgebracht – damit es mir gut geht. Solche unkalkulierte Hochherzigkeit habe ich oft erlebt. Und schließlich ist den Thais das deutsche Räsonieren und Spekulieren völlig fremd. Unsere Kultur basiert auf einer ganz anderen Form von Individualität. Niemand geht in Thailand allein aus. Niemand isoliert sich. Sehr beeindruckend ist auch die gelebte Spiritualität in der Stadt. Der Taxifahrer nimmt die Hand vom Lenkrad, wenn er am Geisterschrein vorbeifährt, und verbeugt sich. Thailand hat Millionen Geister und Gespenster. Als ein Kaufhaus an der Stelle eines Geisterhauses errichtet wurde, sind neun Arbeiter vom Gerüst in den Tod gestürzt. Daraufhin wurde der Schrein wieder an seinen Platz gestellt und das Kaufhaus verrückt. Das zeigt, wie wichtig das Geistige ist – es setzt sich sogar in der Geschäftswelt durch.

Welche nächtlichen Begegnungen haben Sie am tiefsten beeindruckt?

Das ist wirklich schwer. Wenn ich daran denke, tauchen so viele Gesichter in meinem Kopf über- und untereinander. Ich könnte den kleinen Jungen nennen, der neben mir herläuft. Er ist vielleicht acht Jahre alt und sagt irgendwann zu mir: »You want me?« Ich stelle mir nur vage die Geschichte vor, die hinter dieser Biografie liegt. Und ich möchte einen Elefantentreiber nennen, der genauso elend ist wie seine Kreatur. Die beiden gehören auf jeden Fall zu denen, die mir am meisten nachgehen.

Was machen Elefantentreiber in Bangkok?

In Bangkok leben etwa 200 Elefanten. Sie haben ursprünglich im Straßenbau in Kambodscha gearbeitet. Da die Treiber keine Arbeit mehr finden, suchen sie in den großen asiatischen Städten ein Auskommen. Sie sind zum großen Teil drogensüchtig, weil sie das Leben auf der Straße einfach nicht aushalten. Den Tieren wird eine CD an den Schwanz gebunden, damit sie im Straßenverkehr reflektieren und nicht angefahren werden. So irren sie mit panischen Augen durch die Metropole. Oben drauf sitzt der Treiber mit riesigen Pupillen. Er verdient so gut wie nichts. Er bietet Zuckerrohr an. Das kaufen die Armen aus den nördlichen Provinzen. Denn es ist gut für das Karma, den Elefanten etwas zu geben. Aber auch Touristen füttern die Tiere.

Und wo bleiben die Tiere in der Nacht?

Die Schlafplätze wechseln beständig, weil die Elefanten von der Polizei nur geduldet wer-

{ Ich fühle die Nacht wie einen Muskelreiz

Wenig Platz für zwei: Küche in einem Apartmenthaus

Lächeln auch ohne Vergnügen: Arbeiter auf dem Markt am Klong Toey

den. Wir haben Wochen gebraucht, bis wir unter drei breiten Bändern einer Stadtautobahn einen Schlafplatz fanden. Zu allen Seiten ist das Dröhnen, Hupen und Scheppern des Straßenverkehrs zu hören. Der Lärm ist das Gefängnis. Die Tiere reiben sich die Rücken an den Autobahnpfeilern, brechen durch das Buschwerk oder liegen bloß noch da wie tote Masse.

Was bleibt von all den Nächten in Bangkok noch haften?

Das Nachtleben ist eine reiche Mikrokultur voller Überraschungen. Ich fühle jetzt noch wie einen Muskelreiz das Hineintreten in die Nacht. Ich werde bestimmt auf dem Sterbebett liegen und mich danach sehnen, noch einmal in eine Nacht von Bangkok hineingleiten zu dürfen. Diese acht Stunden zu erleben, mit allen Farben, mit allen Erschöpfungserscheinungen, allen Zudringlichkeiten – das ist ein eigenes Glück.

Was sollten sich Reisende unbedingt ansehen?

Der ideale Reisende sucht nicht nur die Sehenswürdigkeiten und Schnappschüsse. Ihm reicht es nicht, in den Tempel zu gehen. Er ist immer auch Flaneur. Er sollte sich vom Licht, den Gerüchen und den Momenten der Spannung leiten lassen. Alles ist bereit. Man kann jeden Blumenmarkt nachts einfach erreichen oder in die Sky Bar im 63. Stockwerk des State Tower gehen. Eine der schönsten Bars, die ich jemals gesehen habe, mit amerikanischer Jazzmusik und einer von innen erleuchteten Theke.

Aber auf einem der Pontongs eine Karaokemaschine anzuwerfen und den Menschen beim Singen zuzuhören oder tief in Chinatown in einem Club eine Komödie anzugucken, auch wenn man nichts versteht – das sind lauter ganz eigene Vergnügen. Man muss nur den Hunger und manchmal auch die Courage dafür haben.

Eine Obsession der Thais ist das Essen. Spielt es auch in der Nacht eine so wichtige Rolle?

Es spielt eine große Rolle. Überall gibt es Suppenküchen. Es wird in der kleinsten, hintersten, dunkelsten Gasse immer noch irgendwo Frisches zubereitet. Das Essen hält die gesamte Stadt zusammen. Es ist wahrscheinlich der größte soziale Faktor, den das Nachtleben Bangkoks kennt. Denn alle kommen zum Essen zusammen. Man kann sich von der Nase leiten lassen. Und man kann sich vor allen Dingen von den Menschen leiten lassen. Die wissen sehr genau, wo es das beste Essen gibt. Für ein leckeres Dessert empfehlen die Thais zum Beispiel die Sukhumvit Soi 35. Dort stellen sie sich auch ihre Suppe bei einem Gang durch die Gasse an verschiedenen Ständen mit unterschiedlichen Zutaten zusammen – so wird sie perfekt. Ich glaube, dass in keinem anderen Land überall so gleichmäßig gut gegessen werden kann. Das ist einzigartig.

Was haben Sie am liebsten gegessen, was hat Ihnen gar nicht geschmeckt?

Ich habe Som Tam probiert, einen scharfen Papaya-Salat mit Krabben. Nach dem dritten Mal war ich süchtig danach. Bei den Insekten kommt es immer darauf an: Heuschrecken sind proteinreich, knusprig und schmecken nach dem Fett, in dem sie gebraten werden. Ungeröstete Wasserflöhe dagegen sind geschmacklich unerfreulich – sie pissen morastige Verwesungsaromen auf den Gaumen.

Noch immer eine der sanftesten Großstädte

Muss man Angst haben in Bangkoks Nächten?

Ich habe Pornthip Rojanasunan interviewt, die berühmteste Pathologin Thailands. Sie hat 20 000 Leichen in ihrem Leben geöffnet und zu mir gesagt: Bangkok gehört immer noch zu den sanften Großstädten. Es ist eine vergleichsweise ungefährliche Stadt. Man muss nicht permanent Angst haben vor Überfällen. Ich glaube nicht, dass allein meine – in Thai-Augen monströse – Erscheinung mögliche Aggressoren abgehalten hat, sich an mir zu vergreifen.

Wie war es, aus Thailand wieder nach Deutschland zurückzukehren?

Den Wiedereintritt in das Gravitationssystem Deutschland erlebt man erst einmal als Temperatursturz. Oft dachte ich, wie kühl, wie unfreundlich, wie rücksichtslos geht es hier zu. ■

Roger Willemsen, *Buchautor, Dokumentarfilmer und Journalist mit der Spezialität des Interviews, lebt in Hamburg.* **Ralf Tooten**, *vielfach ausgezeichneter Magazin- und Kunstfotograf, lebt in Bangkok. Die beiden haben ihre Erfahrungen von 2007/08 in dem Buch »Bangkok noir« niedergelegt, das 2009 bei Fischer erschienen ist.* *Mehr darüber auf der Medienseite 129.*

Traurige Riesen: Etwa 200 Elefanten leben auf Bangkoks Straßen und unter den Brücken

Ein Milliardengeschäft

Thailands Sexindustrie ist die größte der Welt. Besonders das Geschäft mit minderjährigen Jungen und Mädchen fordert immer neue Opfer

Es gibt keine Prostitution in Thailand, denn sie wäre illegal", so lautet die offizielle Haltung. Ein Verbot besteht seit 1960. Dennoch arbeiten etwa zwei Millionen Frauen als Prostituierte. Die zwei Milliarden Euro, die die Branche pro Jahr umsetzt, sind gern gesehen, die staatlichen Stellen tun wenig dafür, das Verbot durchzusetzen, wenn nicht gar Einzelne von den Einnahmen profitieren.

Die massenhafte Sexindustrie ist in Thailand allerdings ein relativ neues Phänomen. Das Gros der Bevölkerung auf den Dörfern lebte monogam. Aber auch in den Metropolengesellschaften waren sexuelle Beziehungen streng geregelt, und Prostituierte gab es nur in dem Ausmaß, das jede Gesellschaft kennt.

Erst als Thailand während des Vietnam-Krieges als US-Stützpunkt genutzt wurde, entstanden so genannte »Rest and Recreation Center«, inoffizielle Bordelle, die es den Soldaten ermöglichen sollten, sich von Kriegseinsätzen zu erholen. Nach dem Abzug der Soldaten blieben die Etablissements.

Während der Tourismus sich zu einer der wichtigsten Devisenquellen des Landes entwickelte, wuchs die Sexindustrie mit. Viele der Frauen verkaufen sich, weil sie keine andere Wahl haben. Aussichten auf Arbeit und gute Bezahlung locken viele, besonders junge Mädchen aus ländlichen Gebieten in die Städte, wo sie in einem Teufelskreis aus Schulden, Drogen und Gewalt durch Zuhälter zur Prostitution gezwungen werden.

Erschreckend ist die hohe Anzahl von Kindern. Viele westliche Touristen glauben, die Gefahr, sich mit HIV zu infizieren, sei bei jüngeren Knaben und Mädchen geringer. Pädophile verlieren, fern von heimatlichen Werten, das Unrechtbewusstsein und wollen ihre Neigung frei ausleben. Und mit der Nachfrage steigt das Angebot.

Ärmliche Verhältnisse zwingen Eltern dazu, ihre Kinder zu verkaufen. Zuhälter und Menschenhändler versprechen Ausbildung und Arbeit für die Kinder. Manche Eltern sind bereit, das zu glauben, jedenfalls können viele Landbewohner nur noch dank der Geldsendungen ihrer Töchter existieren. Hilfsorganisationen wie UNICEF und ECPAT gehen davon aus, dass in Thailand 800000 Kinder sexuell ausgenutzt werden. Weltweit werden Schätzungen zufolge jährlich viele Milliarden Euro mit Kinderprostitution und -pornographie umgesetzt. Das Geschäft mit den Minderjährigen ist neben Waffen- und Drogenhandel eines der lukrativsten der Welt. Zwar entspricht die thailändische Gesetzgebung internationalen Standards, aber Korruption und eine nachlässige Strafverfolgung machen es den Tätern verhältnismäßig leicht, ungeschoren davonzukommen.

Organisationen wie das Kinderhilfswerk versuchen daher früh einzugreifen und bereits dem Verkauf der Kinder vorzubeugen. Sie fördern gezielt die Berufsausbildung und leisten Aufklärungsarbeit. Unterstützt von internationalen Organisationen werden weltweit Lehrer und Sozialarbeiter geschult, um Missbrauch zu erkennen, und Spezialtruppen der Polizei lernen, wie sie Kinderhändler aufspüren. Diese werden jedoch meist durch ein weites Netzwerk aus Taxifahrern, Tourguides und korrupten Polizisten unterstützt. Für die Hilfsorganisationen ist daher ist eine der wichtigsten Instrumente die Sensibilisierung für das Thema. Touristenverbände beteiligen sich daran mit der Schulung ihres Personals und einer Selbstverpflichtung, im Verdachtfall zu reagieren. Reisende werden mit Broschüren und Filmen im Flugzeug auf das Thema aufmerksam gemacht und erhalten praktische Hinweise, wie mit Verdachtsfällen umzugehen ist.

Geschäft und Sex: Europa trifft Asien auf den nächtlichen Straßen von Bangkok

Auch wenn es gelingt, Kinder aus den Bordellen zu befreien, bleiben sie ein Leben lang traumatisiert. Viele können nicht zu ihren Familien zurück und kommen in Einrichtungen, die sie psychologisch betreuen. Zwar bemühen sich Organisationen wie das Bangkoker Kinderschutzzentrum, den Opfern auch beruflich Perspektiven zu bieten. Doch gut die Hälfte ist nach kurzer Zeit wieder im Milieu. *Julia Henkel*

1957 Die seinerzeit größte Filmkulisse: Die »Brücke am Kwai« führte über den kleinen Fluss Kelani auf Ceylon. Das Original in Thailand hatten alliierte Bomber 1945 zerstört

Tod am Fluss

Der Film war ein Welterfolg, sein historischer Hintergrund ist grausam. Zehntausende Zwangsarbeiter wurden den japanischen Kriegszielen geopfert

TEXT **GÉRARD JECQUIER**

Wer ein wenig Filmgeschichte kennt, der kennt auch die Brücke über den Khwae Yai, besser bekannt als River Kwai. Eine nicht sehr tragfähig wirkende Konstruktion, 35 Meter hoch und 130 Meter lang, errichtet aus 1200 dicken Bambusstämmen. Colonel Nicholson, dargestellt von Alec Guinness, und seine Kameraden in japanischer Kriegsgefangenschaft hatten den Japanern mal so richtig gezeigt, wie überlegen britische Ingenieurskunst ist. Am Ende des Films aber fliegt die Brücke samt darauf fahrender Eisenbahn in die Luft – gesprengt von einem britischen Kommando. David Leans Film von 1957 erhielt sieben Oscars.

Heute ist der Flussübergang eine Touristenattraktion, die stets zu schweren Irritationen und Enttäuschungen führt. Denn der Kwai ist viel breiter als im Film, die Brücke aber längst nicht so hoch. Eine eher unscheinbare Eisenkonstruktion auf Betonklötzen. Der Grund: Der Film orientiert sich nicht am Bild der tatsächlich gebauten Brücke, sondern zeigt eine frei erfundene Kulisse. Und die stand nicht in Thailand, sondern auf Ceylon (Sri Lanka), wo der Film gedreht wurde. Die Geschichte des Colonel Nicholson ist ebenfalls frei erfunden, der historische Zusammenhang allerdings ist echt und noch um einiges brutaler, als das Kinowerk vermuten lässt.

Seit 1936 war Japan mit Hitlerdeutschland verbündet, das den Japanern freie Hand in Südostasien garantierte. Der »Dreimächtepakt« zwischen Deutschland, Italien und Japan von 1940 hatte außer der »Neuordnung« Europas auch ausdrücklich diejenige Ostasiens zum Ziel. Eine Aufgabe, der die Japaner sofort nachkamen. Bereits 1940 hatten sie Teile des nördlichen Indochina besetzt. Unter japanischem Schutz annektierte Thailand den Nordwesten Kambodschas und musste dafür Einmarsch und Stationierung japanischer Truppen dulden. Im Dezember 1941 wurde ein Schutz-

2010 Die von Kriegsgefangenen erbaute Eisenbahnbrücke ist heute eine Touristenattraktion. Japanische Militärs befahlen ihren Bau, japanische Ingenieure bauten sie nach Kriegsende wieder auf

bündnis zwischen Bangkok und Tokio abgeschlossen. Das Königreich wurde Kriegsverbündeter Japans, das weitgehend freie Hand im Land hatte. Am 25. Januar 1942 erklärte Thailand den USA und Großbritannien den Krieg.

Japan besetzte die britische Kolonie Birma. Um in Südostasien eine funktionierende Kriegslogistik aufzubauen, begannen die Japaner mit dem Bau einer 415 Kilometer langen Eisenbahnlinie von Thailand nach Birma. Dafür setzten sie etwa 60000, vor allem britische Kriegsgefangene ein. Weit höher war die Zahl der Zwangsarbeiter, man schätzt, dass zwischen 100000 und 250000 Menschen daran mitarbeiten mussten. 42 Lager wurden entlang der geplanten Strecke errichtet, in denen die Arbeiter unter entsetzlichen Bedingungen eingepfercht waren. Sie hatten vor allem unter den Schikanen der japanischen Soldaten zu leiden, die vor keinerlei Grausamkeit zurückschreckten.

Die Querung des Kwai in der bergigen Landschaft bei Kanchanaburi war eine der schwierigsten Etappen, dort lag daher das größte Gefangenenlager. Die Brücke war eine Holzkonstruktion, die in kürzester Zeit und unter großen Opfern errichtet wurde. Viele starben an Malaria, Cholera oder Unterernährung – die tägliche Essensration bestand aus Wasser und Reis. Etwa 16000 Kriegsgefangene und mindestens 50000 einheimische Zwangsarbeiter kamen ums Leben. Etliche erlagen auch den Bombardements der Alliierten, denn die Japaner hatten die Gefangenenlager nicht entsprechend dem Genfer Abkommen von 1929 gekennzeichnet – sie waren der Konvention gar nicht beigetreten.

Kaum war die Holzbrücke fertig, um den Bahnverkehr zu ermöglichen, wurde etwa 100 Meter flussabwärts mit einer zweiten, eisernen Brücke begonnen. Die gesamte Strecke wurde Ende 1943 fertig. Im Februar 1945 und Juni bombardierten Briten und Amerikaner beide Brücken, die hölzerne wurde zerstört, die eiserne schwer beschädigt, ein großer Teil der Strecke wurde von den Briten noch nach Kriegsende unbrauchbar gemacht – und anschließend dem thailändischen Staat für 50 Millionen Baht verkauft.

1946 mussten die Japaner die Eisenbrücke als Kriegsentschädigung wieder aufbauen, seit 1971 verkehrt hier wieder ein Zug. Heute fährt er noch etwa 130 Kilometer Richtung birmanische Grenze bis Nam Tok. Auf dem Weg dorthin fahren die Passagiere, meistens Touristen, am Kwai entlang auf dem Wang-Po-Viadukt, einer Holzkonstruktion, die der Filmkulisse von 1957 etwas ähnlicher ist als die Brücke von Kanchanaburi. Im Ort erinnern verschiedene Gedenkstätten an das schreckliche Kriegsgeschehen, am eindrücklichsten das »JEATH«- Museum. Der Name steht für Japan, England, Australien, Thailand und Holland, von wo die meisten Gefangenen kamen.

Wenn in der Trockenzeit der Khwae Yai Niedrigwasser führt, kann man die Stümpfe der originalen Brücke am Kwai noch heute aus dem Fluss ragen sehen. Von den Kulissen auf Ceylon ist nichts mehr übrig. ■

Gefühle in Serie

In Thailands Seifenopern wird geflucht, gelästert, gehauen und gestochen. Im Alltag ist das geächtet, die Thai Soaps sind das Ventil, mit dem die Gesellschaft Druck ablässt. MERIAN hat drei Protagonisten besucht

FOTOS **PHILIP KOSCHEL**

An den Seifenopern geht kein Weg vorbei. Man kann versuchen wegzuschauen, wegzuhören, aber man kann sie nicht leugnen. Soaps sind die große Unterhaltungsindustrie Thailands. Sie flimmern den ganzen Tag auf allen Fernsehkanälen, eine unüberschaubare Menge von Produktionsfirmen dreht Folgen im Akkordtempo, und an manchen Tagen sitzt das gesamte Land geschlossen vor der Glotze. Die Serie »Sao Ha« (»Samstag«) brachte es auf 13,9 Millionen Zuschauer im Alter von mehr als vier Jahren. Pro Abend. Das sind rund 25 Prozent der 61 Millionen Thailänder, die restlichen drei Viertel aber waren alles andere als abstinent: Sie sahen wahrscheinlich andere Soaps auf anderen Kanälen.

Die Beliebtheit der Serien kennt keinen Vergleich. Was ist der Grund? Der Inhalt kann es nicht sein, denn eine typische Soap geht so: Eine Angestellte wirft die Frau ihres Chefs samt Baby über Bord, um sich den Mann zu angeln. Das Opfer wird von einem Fischer aufgelesen und überlebt mit schwerem Hirnschaden, was der Fischer ausnutzt, um die Frau als Mutter für sein eigenes Kind und das ebenfalls aufgefischte fremde zu behalten. Die vermeintliche Mörderin aber heiratet den vermeintlichen Witwer. 25 Jahre später ahnt der Mann den Tod nahen und begibt sich noch einmal an den Ort des schrecklichen Unfalls. Im dortigen Hotel arbeitet ein Mädchen, das seiner »verstorbenen« Frau stark ähnelt und das selbstverständlich seine Tochter ist. Er macht sich an sie ran …

Eine hanebüchen konstruierte Geschichte, aber sie ist noch nicht einmal der Inhalt der Soap »Talay Rissaya« (»Meer der Eifersucht«), sondern nur ihr Vorlauf. **Die einzelnen Folgen zeigen eine Verkettung von Intrigen, Verwirrungen, Lästereien und Gewalttätigkeiten.** Es wird geflucht, gehauen und gestochen, intrigiert und gemordet. Es werden Gefühle gezeigt von Liebe bis Hass, von Neid bis Gier. Genauso ist es in allen anderen Serien: Sie ähneln sich wie ein Stück Seife dem anderen.

Das Gleiche gilt fürs Personal. Stets gibt es eine weibliche Hauptperson mit heller Haut und hoher Nase, die außer schön zu sein nichts können muss. Dazu gehört ein unansehnlicher, aber extrem reicher männlicher Gegenpart, immer wieder taucht die ältere unverheiratete Schwester auf, rollt böse die Augen, grinst diabolisch und kreischt. Besonders wichtig für die Emotionen

Soaps sind allgegenwärtig: Wenn es auf der Mattscheibe kracht, bleibt die Küche kalt

Thais lernen früh, dass es Gewalt nur im Fernsehen gibt. Und später, dass das nicht stimmt

sind der Ex-Liebhaber (Intrigant, Spieler, Ganove), bzw. die Ex-Liebhaberin (schlampig, alkoholisiert), die beide zur Gewalt neigen. Das kennt man im Grunde auch aus amerikanischen Serien der Siebziger, aber kaum in dieser Schlichtheit. Eine Besonderheit der Thai-Soaps ist das Auftreten eines Ladyboys, eines grell geschminkten Transvestiten oder Transsexuellen, der sich um seine ebenso grelle Kleidung sorgt und kichert. Aber auch die so beliebten Transenwitze können die Begeisterung der Bevölkerung für die Soaps so wenig erklären wie das unvermeidliche Auftauchen eines meist, aber nicht immer bösen Geistes, der aussieht wie Kermit auf Entzug.

Fragt man westliche Ausländer in Bangkok, was sie von diesen Serien halten, so wird kaum einer zugeben, sie anzuschauen, und wahrscheinlich stimmt das sogar. Denn bei ihnen erfüllen diese Serien nicht ihre eigentliche Funktion, die Westler sind meistens viel zu selbstbewusst und emanzipiert. Für Thailänder jedoch sind die Seifenopern Ventile. Auf der Mattscheibe lässt die Gesellschaft den Druck ab, der sich durch rigide Moralvorstellungen aufstaut. **Was in den Soaps an exzessiven Gefühlsäußerungen liebevoller oder bösartiger Art gezeigt wird, ist in der Realität ein Unding.** Im Fernsehen läuft, was draußen verpönt oder geächtet ist. Nicht nur in Liebesdingen, sondern in allen Bereichen. In der Thai-Gesellschaft ist nicht nur paarweises Händchenhalten unschicklich, auch Gefühlsaufwallungen, Wutausbrüche, ja selbst lautes Reden oder öffentliches Trauern sind ungern gesehen, von Gewalt ganz zu schweigen. Das ist natürlich verlogen und angesichts der verbreiteten Sexindustrie kaum fassbar. In den Soaps findet aber all dies statt, und deshalb sind Handlung und Schauspielkunst nicht entscheidend, sondern die tägliche Präsenz einer emotionalen Gegenwelt. **Dabei ist das, was dort zu sehen ist, für westliche Augen noch harmlos. In einer Thai-Soap wird nie ein Liebespaar zusammen im Bett liegen. Oder sich auch nur küssen. Dar über wacht die Zensurbehörde,** die das bereits als Pornografie einstuft.

Die Belanglosigkeit der Handlungen macht es auch möglich, dass Soaps als Massenware produziert werden – Vorlagen sind zuhauf entstanden, seit 1971 die erste Seifenoper »Sawang Biang« (»Verdrehtes Paradies«) über die Bildschirme flimmerte. Erfolgreiche Serien werden aber nicht etwa wiederholt, sondern neu aufgelegt. Viele der kleinen Produktionsfirmen verlassen sich eher darauf, den Sendern eine Serie anzubieten, die vor 20 Jahren schon Erfolg hatte, als auf ein neues, aber unsicheres Drehbuch zu setzen. Im Schnitt sind 90 Prozent der gezeigten Serien Remakes.

Dabei muss sich die Regie vorsichtig den sich wandelnden Zeiten anpassen. So wurde in der aktuellen Fassung der Serie »Namphung Khom« die Hauptperson mit Anfang 20 verheiratet – in der zu Grunde liegenden Vorlage war sie erst 15. Damals ein übliches Heiratsalter, heute gesetzwidrig.

Wie starr jedoch gesellschaftliche Normen sind, zeigt sich in den Charakterisierungen »angesehener« Berufe. Niemals könnte und konnte im Fernsehen ein Polizist negativ dargestellt werden. Ein unsympathischer Lehrer? Unmöglich! Ein korrupter Politiker? Den kann es nicht geben! Ein Protagonist, chinesischer Geschäftsmann, lebte in einer früheren Serie in Mehrehe mit vier Frauen. In der Neufassung tut er das immer noch – jetzt aber leidet er unter dem Frauenüberschuss in seinem Haushalt. *Roland Benn*

Lebenshilfe von der Mutter der Nation

Zweitausend Schuhe, eintausend Handtaschen hat sie, aber keiner hat die Sachen gesehen, keiner ist in ihrem Haus gewesen, der Villa in Ekkamai, außerhalb, ruhig, südöstliches Bangkok. Und nun fragt Darunee Kritboonyalai, wie alt sie wohl sei, schätzungsweise, sie tut so, als sei ihr die Antwort gleich. *Sexy Sixty* steht auf ihrer Karte und *5 March 2009*, 60. Geburtstag, ein Gesicht ohne Falten, ohne Konturen, schöner Mund, brünette Perücke und ein Kranz aus weißen, blauen und roten Blumenblüten, Thailands Farben. Nationalheldin. In der Daily-Soap »Lob der Liebe und der Flinte« war sie 1000 Folgen lang eine Frau aus dem Volk, Straßenhändlerin, die Papayasalat verkauft und sich der Unschuld der Tochter wegen Sorgen macht. 200 Handtaschen hat sie versteigert, hat das Geld gespendet, unterstützt ein Gut im Norden, auf dem 400 Kinder leben, Waisen, deren Eltern an Aids gestorben sind. Unterkunft haben die Kinder, bekommen eine Ausbildung, Brot, manche schaffen es auf die Uni.

Darunee Kritboonyalai spielte in »Lob der Liebe und der Flinte« 1000 Folgen lang die Frau aus dem Volk. Heute ist die bekannte Soap-Aktrice als Radiomoderatorin populär

Jeden Tag trägt sie eine neue Blüte im Haar, heute Vergissmeinicht. Ihre Mutter, eine Vietnamesin, kam über Hanoi und Vientiane nach Thailand. Nicht rauchen, nicht trinken, keinen Sex vor der Ehe, nicht mal eine Berührung, hatte die Mutter sie abends vor dem Einschlafen ermahnt. Zur Barbiepuppe wollte Mutter mich machen, sagt Darunee, ich habe mich gewehrt, vergebens, die Mutter hat gesiegt, Barbie Darunee.

Heute brauchen die Leute ihren Rat, sie brauchen Halt, sagt Darunee. Sie ist auf Sendung im Radio: Ich habe mit ihm geschlafen, ruft ein junges Mädchen an, weiß jetzt nicht, was ich fühlen soll, fühle mich irgendwie schuldig. Nun, spricht Darunee ins Mikrofon, du darfst bloß keinen lieben, der schon eine Geliebte hat, tue es ansonsten mit Genuss. Doch denke daran, Jungfräulichkeit ist ein Wert, wäge also ab, wem du sie schenkst. Wie ein gutes Thai-Mädchen ist, will die nächste wissen. Selbstbewusst, sagt Darunee, ein Thai-Mädchen weiß, was es will, ist gebildet und kann selber für sich sorgen, auch ohne Mann. Und lächeln, sagt Darunee, lächeln!

Für jeden ist sie da, jeder nähert sich ihr in Demut, und es scheint, als nähme sie die hilfesuchenden Seelen, die ihr entgegentreten, in Demut in ihr Inneres auf. Sehr klein ist Darunee, sehr fein, wie sie dem Fahrer winkt und in den Wagen steigt, und die Hacken ihrer Schuhe sind sehr hoch, sehr dünn.

Arawansa Thanwiset ist der meistbeschäftigte Fernsehstar Thailands, darüber hinaus malt und schreibt er und hat für die Sicherung seiner Zukunft eine Fabrik für Nudeln und Fleischbällchen gekauft

Der Star hat Angst vor dem Alter

Ein Haus aus Stahl, Holz und Glas unter hohem, dichtem Blätterwerk, unauffällig und funktional. Arawansa Thanwiset hat es selbst entworfen, hat den Baugrund ausgesucht, die Wiese am Rand des Nirgendwo, er dachte, es würde ihm gelingen, sich und die Familie, die Tochter Singha, zu verstecken. Aber die Fotografen sind überall. Singhas Mutter, Phanit, im Hintergrund, Arawansas Frau, seine Managerin. Dass sie immer mit am Drehort ist, sagt sie, immer in Arawansas Nähe, sie passt auf ihn auf, geht immer an sein Handy, fährt ihn im Auto.

Arawansa Thanwiset, Soap-Darsteller, gewann 1992 einen Modelwettbewerb. Damit fing sein Aufstieg an. Zehn Jahre hält er sich schon ganz oben, in über 50 Soaps hat er gespielt.

Drei Stunden brauchen Phanit und er zum Drehort der Soap »Zurück in die Zukunft«. Der Set: ein Armeegelände, Soldat mit Gewehr am Tor, und hinten ein Stück Dschungel, Hütten, Kamera, Requisite, Maske, Kostüm, Mikrofon.

»Jäger« heißt Arawansa in der Serie, »Mister Hunter«, und keiner weiß, warum. **Er hat auch ein Gewehr, aber er jagt nicht, schießt nicht, er steht nur da und guckt erstaunt, ratlos, verzweifelt, wütend** oder suchend am Kameraauge vorbei, Schritt vor, Schritt zurück, doch nicht zur Seite: Der Regisseur am Monitor sagt über Sprechfunk, was er will und wie er es will, und Arawansa und die anderen machen. Mehr wird nicht verlangt, keine Zwischentöne, die würden bloß kosten und niemanden interessieren. Alle Typen werden danach ausgesucht wie sie wirken, schön, hässlich, komisch, einfältig, nicht danach, was sie können.

Er ist Schauspieler, sagt Arawansa, er will es bleiben, und er will mehr, einen Kinofilm, selbst das Drehbuch schreiben, selbst produzieren, selbst Regie führen. Er muss in die Zukunft denken, zur Sicherheit hat er schon mal eine Fabrik gekauft, die Nudeln und Fleischbällchen produziert. In Thailand ist ein Mann mit 30 Jahren alt, niemand will einen dann mehr engagieren, alle wollen die Jungen und Schönen. Arawansa sieht gut aus, jung, groß, schlanke Figur, helle Haut, kluges Gesicht. Er spricht mit leiser Stimme, und seine Frau Phanit, die wie immer hinter ihm ist, hört zu. Er möchte nicht, dass die da draußen wissen, wie alt er ist, keiner soll erfahren, dass er lange über die Jahre hinaus ist, in dem Männer wie er als jung gelten und schön.

Patravadi Mejudhon
gehört zu den Erfindern der Thai-Soaps, sie stand schon bei den ersten Serien vor der Kamera und schrieb Drehbücher. Sie führt ein Theater und eine Schauspielschule

Die große alte Dame lehrt die Tradition

Ein Kind war sie, vier, als sie mit Singen, Tanzen und Spielen anfing. Sie lernte alles zusammen, auf die alte Art, nicht bloß eines davon. Ihr Mädchentraum war es, die beste klassische Künstlerin von allen zu sein. Zehn Jahre alt war Patravadi Mejudhon, als sie König Bhumibol im Fernsehen sah. »König des Liedes« haben sie ihn damals genannt, und wie er leibhaftig sang und tanzte, wie er die modernen englischen und amerikanischen Lieder in klassischem Thai vorführte. Das war neu, außergewöhnlich. Genau das wollte sie auch: Patravadi hatte ein Ziel.

Heute ist sie 60, führt eine Schauspielschule und ein Theater. Die Schule, eine Anlage wie ein Park, still, schattig, niedrige Häuser, brauner Grundton, dunkles Holz, dann das Theater, das wie eine Freiluftarena ist, und ein Gartenrestaurant daneben.

Patravadi hat die Thai-Soap fürs Fernsehen erfunden. Dreißig Minuten täglich kam die Serie, Patravadi spielte mit und schrieb die Fortsetzungen dazu. Alle wollten sie Geld verdienen, viel und schnell. Irgendwann war sie am Ende, ausgebrannt, leer, sie spürte, dass das kein Leben ist, das sie führt, nie eins war, dass sie Veränderung braucht, einen Neuanfang.

1980 ging sie nach Amerika. Die Zeit in New York war Patravadis Wiedergeburt, sie lernte zum dritten Mal Tanz und Gesang, verschiedene Stile, und als sie nach einigen Jahren nach Bangkok zurückkam und sich umsah, gab es die alten Schulen nicht mehr, und sie hatte die Idee, einzulösen, was sie einst empfangen hatte. **Sie wusste wieder einmal was sie will: die alte Schule neu einführen, den Leuten Tradition zurückgeben, Identität.**

Nach der Rückkehr aus Amerika machte sie erst einmal selber wieder mit, ging vor die Kamera, in Sitcoms diesmal. Sie brauchte Geld für ihre Idee, spielte, schrieb, nahm die Wünsche der Zuschauer auf, ihre Vorschläge, wie die Handlung weitergehen sollte, Witze für die *kathoey*-Darsteller.

Langsam sind Schule und Theater gewachsen, Patravadi ist mitgewachsen. Sie holte sich Leute ran, kaufte Gelände und Gebäude einer High School, baute um. 1992 dann die Eröffnung, ihr Theater hat mehr Vorstellungen als andere Theater, sie ist berühmt, die Schüler verehren sie tief, aus dem ganzen Land kommen sie, um bei ihr zu lernen.

Sie ist sich sicher, dass sie außergewöhnlich ist, und sie will das auch zeigen. Das Büro präsentiert sie, die Übungsräume. Hier kannst du alles lernen, sagt sie, Jazztanz, Stepptanz, Hip Hop, Ballett, und willst du wissen, was ein Thai-Musical ist, singen, tanzen, spielen, alte Art, dann setz dich hin, sieh und hör zu. *Thomas Feix*

Das dritte Geschlecht

Transvestiten, Hermaphroditen und Ladyboys gehören zum alltäglichen Bild im Fernsehen und auf der Straße. Sie werden toleriert, aber nicht akzeptiert

Ein *kathoey* gehört in jede Soap, in jede Sitcom. Dort werden sie meist als Hanswurste oder Huren vorgeführt. Transsexuelle gehören zur thailändischen Kultur, in kaum einem anderen Land sind sie so präsent wie hier. Inoffizielle Schätzungen gehen von 200 000 *kathoey* aus. Viele von ihnen haben ihren Körper auch hormonell und chirurgisch verweiblichen lassen.

Anders als in westlichen Ländern ist der lockere Umgang mit den Transsexuellen in Thailand kein Phänomen der Moderne. Bei einigen Bergvölkern im Norden, heißt es, sei bereits in der Schöpfungsgeschichte neben Mann und Frau von einem geschlechtsneutralen Wesen die Rede, vergleichbar mit den griechischen Hermaphroditen. In den Schriften des Theravada-Buddhismus, der Hauptreligion Thailands, werden sogar vier Geschlechter erwähnt: Mann, Frau, Hermaphrodit (»echter *kathoey*«) und Eunuch. Für viele Thai aber ist ein *kathoey* jeder nicht akkurat heterosexuelle Mann.

Die Wiedergeburt als *kathoey* wird als Folge schlechten Karmas verstanden, also eines Fehlverhaltens in einem früheren Leben. Statt Verachtung wird den Ladyboys daher oft Mitleid entgegengebracht, manche empfinden sie jedoch auch als bevorzugte Menschen, denen besonderer Respekt gebührt. Für die meisten Eltern ist es eine Enttäuschung, wenn ihr Sohn anfängt, Frauenkleider zu tragen. Sie wissen, dass ihre Kinder es schwer haben werden. Zwar stoßen sie in der Gesellschaft auf eine große Toleranz, aber von staatlicher, bürokratischer Seite werden sie kaum anerkannt. Selbst nach einer vollständigen Operation darf das eingetragene Geschlecht in den Papieren nicht geändert werden. Das Gesetz gewährt ihnen keinen Schutz bei Vergewaltigungen, da sie nach wie vor als Männer gelten, und sie dürfen nicht heiraten. Der Zugang zu vielen Berufen bleibt ihnen verwehrt. Viele Unternehmen haben Bedenken, *kathoey* zu beschäftigen, fürchten die Reaktionen von Kunden und Mitarbeitern. In öffentlichen Ämtern werden sie selten eingestellt. Oft bleibt ihnen nur die Arbeit in einem der vielen Cabarets, als Tänzer oder Prostituierte, als Königinnen der Nacht, um ihren Lebensunterhalt zu bestreiten.

Die starke Präsenz der *kathoey* spiegelt sich auch in den Medien. Übertragungen von Schönheitswettbewerben mit Transsexuellen erreichen bis zu 15 Millionen Zuschauer, und so mancher Shootingstar gehört zum »dritten Geschlecht«. Der ehemalige Thaibox-Meister Nong Tum, der wahrscheinlich bekannteste *kathoey*, ist nicht nur unter Gleichgesinnten ein Idol. 22 Männer hat der zierliche Ladyboy bezwungen und sie hinterher mit lippenstiftbemalten Lippen wieder wachgeküsst, bis er sich auch chirurgisch einer Geschlechtsumwandlung unterzog. *Julia Henkel*

Königinnen der Nacht: Die meisten *kathoey* arbeiten in Bars und Tanzlokalen

Einfach abtauchen

Mit Rucksack und wenig Geld in das Asien für Träumer. Ohne Plan und mit nur einem Ziel: ankommen und genießen. Funktioniert das noch? Aber ja!

TEXT **VERENA LUGERT** FOTOS **PHILIP KOSCHEL**

Glasklares Wasser in strahlendem Türkis, weißer Strand. Die Maya Beach auf Ko Phi Phi Leh wurde als Drehort des Abenteuerfilms »The Beach« weltberühmt. Der Tsunami traf das Gebiet mit voller Wucht und brachte den Tourismus zum Erliegen. Davon ist heute nichts mehr zu spüren. Es kommen mehr Gäste als je zuvor, unberührt ist der Strand nur vor sechs Uhr morgens

Das leichte Leben lieben lernen

Süße Pfannkuchen mit Früchten, am Strand frisch zubereitet. Das Essen ist billig und köstlich unter den Kiefern von Ko Yao Noi und die Freiheit ein Genuss

Die Sonne ist gerade aufgegangen über der Maya Beach. Manche Traveller haben die Nacht am Strand verbracht. Das ist eigentlich verboten – aber romantisch

Den ganzen Tag der Brandung lauschen

Gestrandet auf der einsamen Insel, dünn besiedelt und wenig besucht. Ein Ziel für Abenteurer und Entdecker

Abfahrt auf Zuruf: Wassertaxis bringen Gäste und Einheimische auf die andere Seite von Ko Phi Phi, angenehmer und schneller als über den Landweg

Einfach und preiswert: kleine Hütten unter Palmen, nicht nur auf Ko Yao Noi

Ankommen und sich treiben lassen

Gleich legt die Fähre in Ko Phi Phi an, dann suchen die Passagiere eine Unterkunft. Warum planen?

Ein Quartier ist gefunden, der Rucksack verstaut, es wird Abend: die Stunde der Fackeltänzer

Es ist genau zehn Jahre her, dass ich zum ersten Mal in Thailand war. Ich war Mitte zwanzig, das Studium war beendet, ich hatte wenig Geld, packte meinen Rucksack und flog los. Ich werde nie vergessen, wie ich aus dem Flughafengebäude in Bangkok trat, schwer an meinem Gepäck tragend, überwältigt von der Hitze, der brodelnden Feuchtigkeit. Wie mich die Stadt in ihren Bann schlug, mit ihrem Duft und ihren Ausdünstungen, ihrem Gold der Pagoden und der Armut der Bettler, mit ihren Ratten und mit Orchideen, Keksen und Räucherstäbchen befüllten Opferkörbchen inmitten des Straßenkehrichts. Ich setzte mich damals in den Nachtzug nach Süden, Richtung Krabi, Richtung Phuket.

Heute bin ich wieder da. Und – zum ersten Mal seit Jahren – wieder mit einem Rucksack unterwegs. Ich bin nicht mit dem Nachtzug gekommen, sondern mit dem Flugzeug. Der Phuket International Airport ist der zweitgrößte Flughafen des Landes, er schlägt im Jahr Millionen von Touristen um, die von dort direkt in ihre Holiday-Resorts verbracht werden.

Mein Rucksack ist der einzige auf dem Gepäck-Förderband, Phuket, sagt man, ist nichts für Rucksack-Touristen. Die Insel ist den Pauschalurlaubern und dem Luxussegment geweiht, Patong, die Touristenhochburg der Insel, zählt zu den teuersten Orten Thailands. Die Insel Phuket, mit dem Festland durch eine Brücke verbunden, ist fest in der Hand des Massentourismus.

Ich fahre zur ersten großen Bucht, dem Nai Thon Beach, steige aus dem Bus, schultere meinen Rucksack und versuche mein Glück. Billige Unterkünfte, nette Hütten, die man sich für wenig Geld mieten kann? Fehlanzeige. Es gibt großflächige Resorts, in denen hauptsächlich Paare oder Familien logieren, Kneipen sind rar, weil fast alle Hotels All-inclusive-Pakete anbieten. Die Preise sind sportlich: Ein Kaffee drischt mit umgerechnet drei Euro auf die Urlaubskasse ein, für die erste Nacht finde ich auch nichts anderes als ein Mittelklassehotel.

Wie das früher war, denke ich versonnen: Da schleppte man sich zum Busbahnhof, die Rucksäcke wurden auf dem Dach festgeschnallt, man rumpelte stundenlang bei kreischender Thai-Popmusik durchs Land, wurde an irgendeiner traumhaften Bucht ausgespuckt. Die Unterkünfte unterschieden sich nicht wesentlich voneinander, und daher fand man sich dann auf der Terrasse seines frisch angemieteten Bambushüttchens wieder. Zündete eine Petroleumlampe an, nahm einen Schluck vom Sang Thip, dem Thai-Whiskey, lauschte den Wellen, die sich am weißen Sandufer brachen und blieb dann erst mal ein paar Tage.

Weg hier! Denke ich am nächsten Morgen. Ich mache in Patong halt, einem sexgesättigten El Arenal, mit Großrestaurants, in denen alte Westmänner junge Thaifrauen ausführen, sich gegenüber sitzen und anschweigen. Und als wäre das alles noch nicht genug, bekomme ich auch noch Anzüglichkeiten vom Kellner zu hören. Raus! Sofort!

Recht entmutigt erreiche ich Phuket City, die Hauptstadt der Insel. Und mit einem Schlag ist alles komplett anders. Die Stadt ist berückend schön, sino-portugiesische Architektur, kleine Läden, geblümte Fliesen, verzierte Giebel, rote Laternen – und: keine Touristen! Ein Gewimmel, es ist Jahrmarkt und die Straßen können die schiere Masse der Menschen, Gerüche, Geräusche kaum fassen. Eine Bühne ist mit roten und gelben Tüchern umwunden, brüllend laute Musik schwappt aus den Lautsprechern, auf der Tanzfläche ist die Hölle los. Eine Traube von Zuschauern ballt sich um das Tanzpodest, drei alte

Warten im Hauptbahnhof von Bangkok.
Von hier geht der Nachtzug Richtung Phuket

Aussteigen und glücklich sein

Palmen, Pagoden und ein Hauch von Paradies am Ende der Reise: Mild ist der Abend im Hafen von Ko Phi Phi

Männer mit weißen Bärten, die lang sind und dünn wie ein Faden, sitzen in Unterhemden auf weißen Plastikstühlen, halten jeder eine beschlagene Flasche Chang-Bier in den Händen und schnippen gut gelaunt Zigarettenasche auf den Asphalt.

Kinder lassen meterlange Ketten von Knallfröschen knatternd zerbersten, in einem Chinarestaurant steht ein flauschiger Chow-Chow hechelnd auf einem der Tische und betrachtet interessiert die wogende Szenerie. Die Wirtin hebt ihn hoch, tritt mit dem Hund auf die Straße, wiegt ihre Hüften im Takt der Musik. Überall zischt es von heißem Öl, in dem Garnelen, Teigfladen, Kartoffelplätzchen frittiert werden, es kocht in hohen Töpfen, fette Brühe brodelt in den Buden und Ständen vor sich hin. Minispiegeleier wie aus der Puppenküche werden in Bananenblätterkörbchen geschichtet, Frühlingsrollen, kleine Knödelchen, Teigtaschen dampfen auf Holzrosten vor sich hin. In einem Trog wird ein Ziegenkopf mariniert, er trägt noch sein Fell, seine Ohren, die Augen sind blicklos. *Khao pad*, gemischter Reis, *mie goreng*, Nudeln aus dem Wok, Oktopus, Zuckerwatte, die Aromen diffundieren, es wird gebrutzelt, gebrüht, gebraten, *saté* wird gewendet, ein Bettler robbt durch die Menschenmassen. Es ist ein ohrenbetäubender Klangtaifun, der von jedem einzelnen Stand kommt, aus jedem Büdchen krachwummt es markerschütternd, Polizisten trillern mit ihren Pfeifen, dumpfe Bässe überlagern sich und alles ist Geschrei, Geschiebe, Geruch.

Südostasien! Erkenne ich begeistert wieder, genau, da bin ich jetzt! Ich suche mir einen Stuhl, der an einem der Stände steht, vor mir ein Bier, das umgerechnet 50 Cent kostet, die Wirtin bringt Reis, dazu Fisch und ein Trio infernalisch scharfer Saucen, ich verteile sie löffelweise über mein Essen und denke: Wunderbar, ich bin wieder dabei! Ich beziehe mein Hostel, das genau so ist, wie ich die Hostels von früher kenne, mit schmalem Bett, dünnem Handtuch, Geschrei auf dem Gang und der obligatorischen Kakerlake im Badezimmer, fast will ich sie freudig begrüßen. Es ist großartig.

Und bleibt von jetzt an auch so: Auf der Ostseite der Insel ist Thailand noch so, wie ich es liebe, wie ich es in Erinnerung habe. Ich fahre an Kautschukplantagen vorbei, dazwischen Urwald, die Landschaft in brüllendem Grün, dem saftigen Dunkeloliv von Palmen, von Gräsern, Bananenblättern und Stauden. Und immer wieder ragt aus dem Dickicht die Spitze einer Pagode, glänzend wie Gold. Ein Affe huscht eine Staude hinauf, eine Babybanane im braunen Händchen. Mit schwarzen Augen blickt er um sich. Um dann den Kopf zu wenden und sich mit dem Schwanz um einen Ast in die Höhe zu schwingen. Kokosnüsse hängen an Palmen, lila leuchten Orchideen, der Himmel ist blau und von Wattewölkchen behaucht, der Boden trägt schwer an seiner Fruchtbarkeit.

Ein einziger glitzernder Moment

Ich will auf eine Insel – nach Ko Yao Yai, zwischen Phuket und Krabi gelegen. Und warte auf das Fährboot, das mich dorthin bringen soll, am Bang-Rong-Pier, im Nordosten der Insel. Ich spüre eine Leichtigkeit, als ich meinen Rucksack auf die Pier werfe, freue mich drauf, nicht zu wissen, wo ich heute Nacht schlafen werde, fühle mich frei. Boote dümpeln im seichten Wasser, die Luft steht, auf dem Ponton gibt es ein Restaurant. Die Köchin hackt Hühnchenteile auseinander, die Knochen splittern. Hinter der Tür mit der Aufschrift „Toilet" steht eine Keramikkloschüssel auf den bloßen Planken, unter ihnen das Wasser. Ich fühle mich beobachtet – ein Papageienfisch sieht mir in die Augen.

Weiter warten. Auf meiner Stirn steht der Schweiß, mein Körper gleitet von selbst in eine angenehme Halbliegestellung, man bewegt sich nicht mehr, wird zum Reptil. Hat weder Hunger, noch Durst, der Metabolismus entschläft, das Denken setzt aus, die Hitze ist das einzige, was jetzt wahrgenommen wird. Alles verlangsamt sich, alles wird Sirup, zähflüssig, Wasser wird Öl, Luft wird fassbar, der Himmel geliert.

Dann kommt das Boot schließlich, wir fahren durch das unglaublich brachiale Türkis der Andamanensee, wie Geisterfinger, wie Feenschlösser ragen die Kalksandsteinfelsen verwirrend bizarr aus dem Wasser, es ist ein Lummerland-Archipel, verzaubert und wunderschön.

Im Dunst der Abendsonne erreiche ich die Insel, kleine Pensionen liegen inmitten von Palmen und Dschungelgrün, und die ersten Düfte von gebratenem Knoblauch, von Ingwer, Sojasauce und Zitronengras steigen auf. Ich esse im „Café Heimat" eine Tom-Yum-Suppe. Sie wird von Yamalia serviert, die deutsch mit mir redet. Sie ist hier auf der Insel geboren worden, lebte später 15 Jahre in Südtirol, wo sie in einem Spa gearbeitet hat. Sie spricht italienisch, deutsch und englisch, sie hat gut verdient in Europa, zwei Kinder geboren – doch irgendwann wurde das Heimweh zu groß, sie kam wieder zurück.

Yamalia hat ihren Traum verwirklicht: Auf Ko Yao Yai hat sie ein Guesthouse und ein Restaurant eröffnet. Sie ist glücklich über ihr Leben. „Ich habe in Südtirol viel mehr verdient. Aber auch viel mehr ausgeben müssen, weil alles dort so teuer ist. Hier brauche ich nicht viel, ich muss viel weniger arbeiten. Ich pflege meine Blumen, koche, wenn Gäste da sind, und wenn keine Gäste da sind, ist es auch recht. Dann habe ich Zeit für meine Familie. Mir kommt mein Leben so viel gesünder und ausgeglichener vor als in Europa!"

Ein Häuschen aus Bambus, mit Terrasse und einer Petroleumlampe – meine Bleibe. Es raschelt und zirpt, Blätter streifen die Wangen, Wurzeln sind wie Stufen in die feuchte Erde gegraben. Ein Gecko wagt sich heran und richtet die Echsenaugen auf die Moskitos, die um den Lampenschein kreisen. Blitzartig schnellt seine Zunge hervor. Ein weißgelber Vollmond bescheint die Felsen, die aus dem Wasser ragen. Ich gehe ans Wasser, lege mich in eine Hängematte, vergrabe die bloßen Füße im Sand. Über mir leuchten die Sterne, heller und anders als daheim. Ich schaukle sanft hin und her, die Brandung rauscht leise, über den Sand huscht ein Krebs.

Und mir ist kurz, als würden die letzten zehn Jahre in sich zusammenschmelzen, als würde ich in meine Vergangenheit hinabtauchen und sie hoch holen, gebündelt in diesem einzigen, glitzernden Moment. ■

Sibylle Berg, für ihre ebenso gnadenlosen wie komischen Texte gefürchtet und ausgezeichnet, fuhr für MERIAN mit dem Eastern & Oriental Express. Ab Bangkok Richtung Norden nach Chiang Mai. Sie kam nie an

Eiskalter Orient

Allein unter Erwachsenen. Ein Experiment

Es gibt einen Kanon mittelständischer Bildungsbürgerträume, zu dem der Besuch der Chinesischen Mauer zählt, einmal Nibelungen sehen in Bayreuth, die Liebe zu Frankreich und eine Reise mit dem Orient-Express. Danach kann man sterben. Ich habe es überlebt, mein Intellekt funkelt wie der Abendstern am dunkelblauen Himmel über Thailand, und ich warte in der Lounge des Eastern & Oriental Express, die mich an die VIP Lounge des Flughafens Bombay erinnert, der mich an ein heruntergekommenes Bahnrestaurant in Rumänien erinnert hatte. Die Klimaanlagen dimmen die Raumtemperatur auf Schweiz im Februar, nur damit man nicht bemerkt, dass man in Asien ist. Der Mensch könnte transpirieren, und das hasst er.

Zwei Stunden vor Abfahrt des von außen erlesen elegant wirkenden Zuges läuft der Reisende hier auf, um einzuchecken. Eine kleine, drollige Gesellschaft, das Durchschnittsalter um die Mitte 50, der Herr mit Bermudas oder gelblichen Baumwollhosen, die er aus rätselhaften Gründen mit einem Gürtel immer über dem Bauchansatz festzurrt. Die Damen tragen überwiegend dünne, traurig wirkende Gesäße in weißen Leinenhosen. Eine Frau führt einen großen, federbesetzten Hut mit sich. Vielleicht hat er ihr in einem Krieg das Leben gerettet. Siebzig Prozent der Reisenden scheinen Briten zu sein, der Rest Franzosen und Amerikaner, die stolz sind auf die Erfindung ihres Landsmannes. Der eisenbahnverrückte James B. Sherwood lässt unter dem Signet »Orient-Express« Luxuszüge in der ganzen Welt rollen, in Schottland ebenso wie in Peru oder zwischen Venedig und Rom. Einmal im Jahr sogar auf der echten Orient-Express-Route Paris–Istanbul.

Der Hauptbahnhof Bangkok ist einer der ruhigsten Orte der Stadt, gesittet und reizend sitzen Thailänder zwischen ausufernden Gepäckstücken und warten geduldig, und die erste unangenehme Situation entsteht, als sich die ungefähr 60 Personen große Reisegruppe, Außerirdischen gleich, hinter einem uniformierten Orient-Express-Manager über einen zehn Meter langen blauen Teppich zum Zug bewegt. Die Passagiere beziehen ihre Kabinen, ihr kleines, eisgekühltes Zuhause während der nächsten drei Tage, da der Zug von Bangkok nach Chiang Mai im Norden fahren wird.

Auf den ersten Blick scheint alles so, wie man es sich vorgestellt hat. Agatha Christie fällt einem ein, der Film »Shanghai-Express« mit Marlene Dietrich, und alle Klischees scheinen sich einlösen zu wollen. Wohin man schaut, Rosenholz und Teak, alte Lampen, alte Teppiche, uniformierte Bedienstete. Die Waggons stammen aus Neuseeland und wurden in Singapur umgebaut und restauriert.

Warum nur ist es so saukalt, und warum lassen sich die Fenster nicht öffnen? Da sitzt der Reisende auf einem mäßig bequemen Sofa, schaut durch eine Doppelverglasung, wie der Zug sich langsam durch die Vororte Bangkoks schiebt. Luft möchte man, und zwar viel davon, und warme, den Rauch riechen, den man draußen sieht. Das geht auf dem kleinen Balkonwagen am Ende des Zuges. Hier drängen sich die Raucher, trinken Cocktails und winken den Thailändern zu, die vor Hütten kauern, deren Existenz man in Thailand nicht mehr vermutet hatte. Diese lieben Einheimischen, wie sie Freude haben am Reichtum der Touristen. Eine Reise im Oriental Express ist ein teurer Spaß. Aber über Preise redet man nicht in unseren Kreisen, über Geld reden Proleten oder Neureiche, keineswegs die Zielgruppe der hier anwesenden Nostalgiker.

Vor Beginn der Zugfahrt hatte der Passagier sich zwischen verschiedenen Tagesausflügen zu entscheiden. Unternehmungen, die jeder Mensch, der bei Trost ist, unbedingt zu vermeiden sucht. Elefanten bei der Arbeit beobachten oder Tempel, am Nachmittag eine Einkaufstour in Seidenfabriken und Schnitzwerkstätten oder eine Stadttour mit Besuch von Seidenfabriken und Schnitzwerkstätten. Es steht dem Menschen auch frei, allein Chiang Mai zu erkunden oder im Zug auf dem Bahnhof acht Stunden herumzubringen. Aber das ist Zukunftsmusik. Im Moment entfernt sich der weiße Tross vom Balkonwagen, um in seinen Kabinen den Afternoon Tea zu nehmen. In jedem Wagon steht ein Butler zur Verfügung, der ausnehmend reizend Silberkannen und feine Gebäckteile in die kleinen Löcher bringt. Tee trinken, Suburbs gucken, frieren. Das Schienennetz in Thailand ist noch komplett aus alter Zeit, der Zug wartet auf jede entgegenkommende Lok, es wackelt und ruckelt, und nach einer Stunde stellt sich bei den Besitzern schwacher Mägen ein Unwohlsein erster Güte ein. Doch es bleibt keine Zeit, darüber nachzudenken, denn die erste Fütterungsgruppe macht sich fertig zum Diner. Alle Reisenden werden platziert und haben sich als Erwachsene verkleidet. Für Herren besteht Krawattenpflicht. Der Butler hat Hemden aufgebügelt, Sakkos geklopft, die Damen tragen Pumps. Gold und weiß.

Exotisches Land aus sicherer Distanz: auf dem Panoramadeck

An den Tischen entstehen Schicksalsgemeinschaften und die Gespräche ähneln sich. Man redet vom Reisen. Was man wo, wann, warum gemacht hat. Die Namen von Orten schweben durch den Raum, Restauranttipps, Angebergespräche erster Güte. Man lacht über abgenutzte Scherze, man zeigt sein interessantes Leben vor wie eine Visitenkarte. Einander verwirrend ähnelnde Menschen führen Erwachsenengespräche aus Satzbaukästen.

Das Essen ist hervorragend. Das lässt das nächste Thema der Reisenden entstehen: Gourmetrestaurants dieser Erde. Die Namen von Spitzenköchen fallen ins Essen, nicht zu lange geschwatzt, denn die zweite Essensgruppe kommt in einer Stunde. Sie warten bereits in der Bar, sie haben sich hübsch gemacht. Sie frieren.

Draußen ist es dunkel geworden. Der Mensch kehrt vom Diner zurück in seine Kabine, der Butler hat unterdes die Betten bereitet. Es ist furchtbar kalt, sehnsüchtig presst man das Gesicht an die Scheibe, draußen steht die Wärme, Feuer sind zu sehen, sonst nichts. Der reizende Butler bringt noch einen Whiskey oder eine heiße Milch, falls der Gast sich nicht schon zuvor in der Bar bei Pianomusik die Kante gegeben hat oder mit seinen neuen Freunden Bob und Mary aus Stratford-upon-Avon beim Kartenspiel im Salon die nötige Bettschwere fand. Die bitternötige. Denn es ist laut, es ruckelt, der Magen bäumt sich auf. Ungefähr 30 km/h hat der Zug drauf, der Schlafsuchende wird in seinem absurd unbequemen Bett hin und her geworfen, er betet. Und schläft ein, zwei Stunden, weil er einen Rausch hat.

Gerädert und gevierteilt wird man am Morgen vom Butler mit Frühstück geweckt, sehr früh, denn der Tag will mit Besichtigungen gefüllt sein, ich aber fliehe. Noch drei Nächte dieses merkwürdige Theater, das ist unvorstellbares Elend. So alt, dass man sich beweisen muss, dass man es geschafft hat, möchte doch keiner werden. Und fliehend ist man erleichtert, und ein wenig traurig, ob all der Bilder, die vielleicht noch im Kopf auf Einlösung warten, denn man ahnt, dass die Erde in den meisten Fällen ein unangenehmerer Ort ist, als man sie sich in seinen Träumen denken kann. Die Fliehende kreist im sicheren Flugzeug über Chiang Mai und vermeint unten einen reizenden Zug auszumachen, in dem gut gekleidete ältere Menschen sitzen und sich gegenseitig versichern, wie schön sie es haben. ■

Der Blick in die elegant-schlichte Lobby des »Sarojin« bei Khao Lak verrät wenig von der Pracht, die den Gast erwartet. Denn es ist alles Gold, was glänzt

Lust auf

Wo kann das Leben sanfter sein? Thailands beste Hotels haben sich der genussvollen Entspannung verschrieben. MERIAN-Autorin Verena Lugert ließ sich verwöhnen

FOTOS **PHILIP KOSCHEL**

Luxus

Der große Pool des »Sarojin« wirkt wie ein Urwaldsee, an dessen Ufer man unter Baldachinen ruht

HOCHGENUSS AM WASSER

»The Sarojin« bei Khao Lak

Ein Hotel als Naturerlebnis. Das Resort liegt am Meer, fünf Nationalparks sind rasch zu erreichen. Kleine Bäche durchziehen den tropischen Garten, der an eine Lagune grenzt und in einen feinen, langen Sandstrand übergeht

Dinner for two unterm Wasserfall. Der Chefkoch serviert à point: Per Funk wird er über die Anfahrt der Gäste informiert

Manche halten die Thai-Küche für die beste der Welt. Wenn dann noch der beste Koch des Landes seine beste Kreation serviert, versiegen die Superlative

Ein perfekt ausgestattetes Quartier über den Wipfeln des tropischen Regenwalds. Mit allem, was dazugehört: einer Ahnung des Provisorischen und den wilden Geräuschen der Nacht

Von der Terrasse der »Burma Bar« geht der Blick über den Fluss Ruak. Am anderen Ufer: Birma

STILVOLL ZELTEN IM URWALD

»Four Seasons Tented Camp« im Goldenen Dreieck

An einer Schleife des Flusses Ruak, an der Grenze zu Birma, sind 15 mit Stoffbahnen gedeckte Bungalows über einen Kilometer locker verteilt. Ein benachbartes Naturreservat ist voller exotischer Vögel. Das bedeutet Wildnis hautnah mit erstklassiger Küche

Ein bisschen Expeditionscamp, ein bisschen Gouverneurspalast. Und morgens weckt das Trompeten der Elefanten

TEMPEL DES KÖRPERKULTS

Das »Banyan Tree« auf Phuket

Am Bang-Tao-Strand im Nordwesten Phukets. Zwischen Gärten und Teichen voller Wasserlilien stehen Villen, von kleinen Mäuerchen als Sichtschutz umgeben, teilweise mit eigenem Pool. Der Service hat allein ein Ziel: das vollkommene Glück jedes einzelnen Gastes

Die Villen öffnen sich mit einer Veranda zum Wasser hin. Niemand braucht aber in den Pool zu springen: Drinnen warten erlesene Bäder

Hände im Dienst an der Samthaut

Wie ein Neugeborenes liege ich da. Warme Hände und duftendes Öl auf der Haut. Hinter mir plätschert Wasser weich in dezenten Kaskaden die Wand herab, mein Kopf liegt in einem gepolsterten Reif, öffne ich die Augen, sehe ich eine Orchidee, die man zum Labsal meiner Augen in einer Schale unter mir platziert hat. Musik überschwemmt mich in sanften, sinnlichen Wogen, schmeichelnd, streichelnd, wie die Hände der Masseurin, die meine Muskeln so gekonnt behandelt, dass ich schnurren würde, könnte ich es. Stattdessen schlafe ich ein. Und werde nach neunzig Minuten sanft geweckt, ich fühle mich, als sei ich aus einer Trance erwacht – um gleich in die nächste zu gleiten. Ich werde aus dem Spa geführt, wie auf Wolken gehe ich, bin noch komplett weggetreten, umfangen von einer Aura aus Duft, Tiefenentspannung, Behaglichkeit und Totaldekadenz. Ich lasse mich zu meinem Liegestuhl führen, flauschige Riesenhandtücher werden über den bettbreiten Deckchair gerollt, ein Sonnenschirm justiert, binnen Sekunden steht ein Tablett neben mir: mit Maracujasaft, mit Sonnenmilch, mit einem von Kälte beschlagenen Zerstäuber, aus dem ich Pfefferminzwasser auf meinen Körper sprühen kann. Khwansuda, ein thailändisches Zauberwesen, meine Gästebetreuerin, huscht herbei: »Ruhen Sie, Madame, ruhen Sie! Ich hole Sie um sieben in Ihrer Villa zum Dinner wieder ab!« Ich kann kaum nicken, weil mir die Entspannung wie zähflüssiger Kautschuk in den Adern rollt, wie Gummi ist mein Körper, ich kann auch nicht lesen, weil ich hier nicht denken kann, der Hirnstoffwechsel beschäftigt sich mit dem Auseinanderheben und Zusammensetzen der herrlichen Duftmoleküle, als wären es Bauklötze. Ich entschlummere wieder.

Das »Banyan Tree Hotel« in Phuket ist ein Fünf-Sterne-Resort, das Feinste vom Feinen, es gibt hier keine Zimmer, nur Villen, fast alle haben einen privaten Pool, manche zwei, bei der Ankunft erhält man ein Handy, mit dem Hilfe herbeigerufen werden kann, sollte die leiseste Irritation einen plagen. Und: Das »Banyan Tree« ist weltweit bekannt für seine Spas und Massagen.

»Fünf-Sterne-Hotels können sich in der Hardware kaum mehr voneinander unterscheiden, schön sind sie alle. Aber im Spa-Bereich, da kann man die Maßstäbe setzen!«, sagt Ravi Chandran, der Manager aller »Banyan Tree«-Spas, 20 gibt es weltweit. »Und das tun wir!«, freut er sich und öffnet leise eine Tür, damit ich einen Blick in das Ausbildungszentrum für die künftigen Top-Masseurinnen werfen kann, die besten ihrer Zunft. Es breitet sich eine Szenerie vor mir aus, als wäre da ein hamiltonscher Weichzeichner am Werk gewesen: Auf Dutzenden von Massageliegen sind Mädchen hingegossen, an deren Samthaut die Masseurinnen konzentriert ihren Streicheldienst tun. Sakrale Stille herrscht, manchmal raschelt Seide, das Gleiten der Hände auf den Körpern hört sich an, als breiteten Paradiesvögel ihre Schwingen aus. Nach der Ausbildung der Mädchen wird ihr Arbeitgeber alles dafür tun, dass sie nicht von anderen Hotels abgeworben

Farben und Formen erquicken das Herz. Das gilt für die Blüten, die Gestaltung von Garten und Kleidung und die Kompositionen der Inneneinrichtung

Inneres und Äußeres wollen in Harmonie sein. Dazu gehören Tees, die ohne Umweg auf die Seele wirken, Aromen, die durch Nase und Hirn schweben, und Ölmassagen, die mit Haut und Haar entspannen

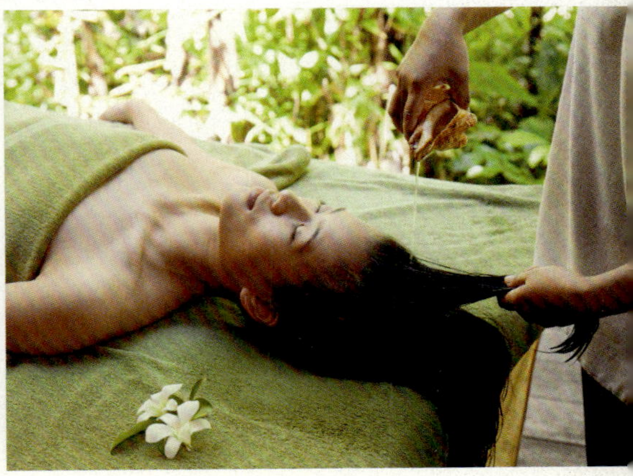

werden. Und wird sie um die Welt schicken, in alle anderen luxuriösen Hotel- und Spa-Dependancen der Kette.

Duft, Berührung, Ästhetik – aus diesem sensorischen Expertentum heraus hat das Haus eine Programmlinie namens »Retreat for the Senses« entwickelt: einen dreitägigen, hochexklusiven und höchstpreisigen Rückzug für die Sinne, bei dem der Entspannung ein fast religiöses Moment beigemessen wird. »Rejuvenation« heißt mein Programm, ich habe Verjüngung dringend nötig. Und der Effekt setzt mit dramatischer Wirkung ein: Ich werde zum Baby. Werde bekocht, gestreichelt, geführt und mit einem Wägelchen umhergefahren. Nach meiner ersten Massage blickt mich ein vergnügtes Vollmondgesicht im Spiegel an, nach der zweiten gehen mir die Worte aus, nach der Dritten verweigern die Gehirnzellen ihren Dienst, weil sie sich gegenseitig massieren. Und nach der vierten habe ich ganz aufgehört, mich zu bewegen.

Ich werde zum Morgenyoga an meiner Villa abgeholt, wo mich ein weiß gekleideter Inder am Pool erwartet und mich nach zwei, drei leichten Übungen in eine Meditation einführt, die mich augenblicklich in die Schluchten der Volltrance stürzt, danach ist ein Tisch für mich gedeckt mit Papaya, sahnigem Joghurt, gold glänzendem Honig. Mit frischen Walnussbrötchen, Mangomarmelade, mit gerösteten Nüssen und Zitronengrastee. Dann zur Massage Island Dew, wo die Haut nach einem Peeling aus Ananas und Melone mit Kokosöl verwöhnt wird. Ich muss nichts planen, nichts denken, wo ich auch bin,

Meditation mit Yoghurt und **Honig**

wächst Khwansuda mit ihrem Wägelchen aus dem Boden, das mich zum nächsten Höhepunkt tuckert: zum Kochkurs mit dem Küchenchef des »Watercourt«-Restaurants, bei dem ich endlich lerne, meine geliebte Tom-Yam-Suppe zuzubereiten. Zur nächsten Massage, zur ayurvedischen Gesundheitsberatung, zum Laternensteigenlassen. Zum »Dinner of the Spirit« am See, wo ich allein auf einem Podest auf einer Wiese sitze und neben mir eine Küchenbrigade rotes Hühnercurry mit Ananas und gedämpften Marlin an Zitronengras zubereitet, umkränzt von hunderten Kerzen. Zwischen den Gängen hält ein Kellner eine silberne Schüssel unter meine Finger, ein anderer lässt aus einem Krug Zitronenwasser darüber fließen.

Sogar das Waschen haben jetzt andere für mich übernommen, ich überlege, was als nächstes kommt: das Füttern? Übernimmt bald ein anderer meine Atmung? Vielleicht auch den ewigen Kreislauf meiner Existenz und Wiedergeburten?

Nichts davon. Am nächsten Morgen ist nämlich Schluss mit der kindlichen Regression: Ich reise ab. Werde in der Limousine zum Flughafen geschaukelt, werde noch einmal beduftet, noch einmal mit dem glückseligen Plingplangplong aus den Lautsprechern beschallt. Noch einmal mit gekühltem Handtuch, Wasser und Orchideen versorgt. Wälze mich aus dem Polster des Wagens, das mich wie eine letzte, kosende Massagehand wieder hinabziehen will, in die Weichheit, wanke hinein in die Wirklichkeit, den Lärm, den Abgasgeruch – und bin im Handumdrehen wieder erwachsen. ■

> Weitere Informationen auf S. 118

Alle Wege führen zum Wasser. Der Gast genießt die wohnzimmergroße Dusche am Strand, das private Dinner mit Blick auf die Brandung und den Anblick der Lotosblüten

Die Stiche alter Meister

Tätowierungen versprechen Zauber, Schutz und Kraft. Im Kloster Wat Bang Phra stechen Mönche Bilder, Buchstaben und Symbole. Und einmal im Jahr entlädt sich der Aberglaube in einem bizarren Fest

TEXT **MAIK BRANDENBURG** FOTOS **PHILIP KOSCHEL**

Mönch Luang Pee Pan gestaltet ein neues Detail. Ein Sud aus Salamanderblut und Baumsäften sorgt für ein dauerhaftes Bild, Gebete und Segen für dessen Wirkung

Der Amuletthändler gibt sich wirklich Mühe. »Die Beine«, sagt er zum x-ten Mal, »du kannst dir nie die Beine brechen. Häng dir einfach die Kette um den Hals.« In seiner Hand baumelt ein goldenes Medaillon, ein Tempel im Miniaturformat, in dem ein kleiner Buddha lächelt. »Die Beine«, beschwört der Mann. Und dann, als spiele er seinen letzten Trumpf aus, flüstert er: »Es schützt auch vor Schlangenbissen.«

Atthavut Ninim bleibt ungerührt. Für den Sermon des Händlers hat der 28-Jährige bloß ein gleichgültiges Kopfnicken übrig. Beinbruch, Schlangenbisse, pah. Atthavut fürchtet weder blanke Messer noch Pistolenkugeln, nicht einmal schwarze Flüche. Atthavut hat die magische Rüstung.

Es ist ein Panzer, den er nie ablegen kann: Vom Hals bis zu den Hüften, an der Brust, am Bauch, am Rücken ist Atthavut tätowiert. Man erkennt ineinander verschlungene Tiere, sieht Stupas und Pagoden, deren Bausteine dunkle Buchstaben sind, in Kreise geritzte Zahlen, Schriftzeichen auf linierter Haut. All das vereint sich zu einem rätselhaften Muster. Nicht zu erklären eigentlich, doch Atthavut will es versuchen.

Er dreht sich, zieht ein Stück Haut über seiner rechten Niere glatt. »Das ist ein Löwe«, sagt er, »er gibt mir seine Kraft.« Das Raubtier bleckt die Zähne gegen ein Wildschwein über der linken Niere. »Das ist für ein langes Leben.« Für denselben Zweck hat auch ein Affe auf seiner rechten Hüfte Stellung bezogen. Eine Kröte auf dem rechten Oberschenkel macht jegliche Kleidung zum Kugelfang. »Auf mich ist mal geschossen worden«, berichtet Atthavut. Er zögert. »Das war in meinem anderen Leben, in meinem bösen Leben. Die Kugel streifte nur die Hose.«

Und der Gecko auf seinem rechten Unterarm? »Der warnt mich vor Unheil.« Ihm zu entgleiten, windet sich ein Aal um seinen Nacken. Kabbalistisch anmutende Diagramme stehen neben vedischen Zaubersprüchen. Rätselhafte Buchstaben reihen sich zu Ketten, sie sind die jeweils ersten Lettern aus den Kapiteln eines buddhistischen Gebetbuches. Alles zusammen bündelt die Kräfte der mythischen Kreaturen.

Lesen kann Atthavut die meisten Zeichen allerdings nicht. Viele sind in der Schrift der alten Khmer geschrieben. Schon vor 2000 Jahren beschrieben chinesische Reisende die machtvollen Hautbilder dieses Volkes. Sie haben sich mittlerweile über den gesamten südostasiatischen Raum verbreitet. »Reisen in früheren Tagen waren ein gefährliches Abenteuer«, schreibt der thailändische Ethnologe Phya Anuman Rajadhorn. »Außerhalb der Obhut des eigenen Dorfes bedrohten menschliche Feinde und die *phii*, die bösen Geister, das Leben.« Die Tätowierungen schienen ein wirksamerer Schutz als etwa ein lederner Büffelbalg. Außerdem schwitzte man darunter viel weniger. Noch immer ist die

Denn seine Rundum-Sorglos-Haut ist noch längst nicht vollständig. Einmal im Jahr pilgert er darum zum Wat Bang Phra, einem Tempel im Distrikt Nakhon Chaisi, rund zwei Stunden Autofahrt nordwestlich von Bangkok. Dem vorletzten Abt des Tempels, Luang Pho Pern, war einst ein Tiger begegnet, als er meditierend im Dschungel saß. Der Tiger schlich um ihn herum, doch er griff nicht an. Er tat es auch nicht am nächsten Tag und nicht am übernächsten. Luang wurde klar, dass er über außergewöhnliche Kräfte verfügte. Kein echter Buddhist will das Gute nur für sich. Der Mönch besann sich auf das Tätowieren, jene

Ein Mix aus Büffelgalle, Blut und Leichenfett

Rüstung aus dem Saft geheimster Kräuter geschmiedet; Ruß, vermischt mit dem blauen Blut des Tintenfischs, hat sie gehärtet. Auch pulverisierter Salamander, der Saft bestimmter Bäume oder Büffelgalle werden der Tinte zugesetzt, sogar »Leichenfett« wird als Beimischung genannt. Stets ist es ein Mönch, der den Harnisch anpasst. Zu einem von ihnen, zu Luang Pee Pan, ist Atthavut heute unterwegs.

uralte Methode, seine übernatürlichen Fähigkeiten auf andere zu übertragen. Er zog Schüler heran, die seither täglich tätowieren. Inzwischen ist Wat Bang Phra alljährlich im Frühjahr das Zentrum eines Spektakels.

Man kann den Tempel kaum verfehlen. Bereits Kilometer zuvor mündet die Straße in eine von Amuletthändlern gesäumte Gasse. Sie öffnet sich zum fußballfeldgroßen Tempelplatz.

Am Rücken gegen das Böse gerüstet: Der Träger hofft auf die schützende Wirkung

Einmal im Jahr drehen hier hunderte Tätowierte durch: das Kloster Wat Bang Phra

Einige hundert Menschen sitzen dort, die meisten mit geschlossenen Augen, sie meditieren. Von einer Tribüne herab schmettert ein Mönch heilige Gesänge. Hinter ihm steht die riesenhafte Statue des unheimlich begabten Abts. Er lächelt. Es ist ja auch zu komisch.

Denn immer mal wieder springt einer aus der Masse auf, die Finger zu Krallen gekrümmt, die Augen wild verdreht. Er brüllt, als reiße ihm jemand das Herz heraus. Dann rennt er, schreiend immer noch, auf das Denkmal zu. Kurz bevor es der Besessene erreicht, wird er von Ordnern aufgefangen. Sie pusten ihm ins Gesicht, jemand zupft ihn am Ohr, so plötzlich, wie der Ausbruch begann, ist er vorbei. Erschöpft schleicht der Mann zurück auf seinen Platz. Er war der Tiger auf seiner Brust, er war »sein Tier«. Der Ausbruch war eigentlich eine Aufladung – der Abt hat das Tattoo mit neuer spiritueller Kraft gesegnet.

Wat Bang Phra ist heute das Zentrum des Kultes, dem inzwischen andere Tempel Thailands folgen, auch wenn er nicht buddhistischen Ursprungs ist. Bereits lange bevor der Abt auf den Tiger traf, gehörten die Körperbemalungen zum Alltag bestimmer Volksgruppen des Landes. Bergstämme im Norden unterzogen jeden pubertierenden Jugendlichen dem schmerzhaften Ritual, gedämpft allenfalls durch den Rauch von Opium. Ohne die »dunkle Haut«, so glaubten sie, könne ein Mann für das andere Geschlecht niemals wirklich attraktiv sein. »Zehn oder zwanzig Decken können mich nicht so wärmen wie das tätowierte Bein meines Geliebten«, lautet ein Sprichwort aus dieser Gegend.

Die Sonne steht glühend am Himmel, unten brodelt ein Hexenkessel. Manchmal springen zwanzig, dreißig Männer gleichzeitig auf. Sie stolpern über Köpfe, treten gegen die Schläfen der Meditierenden. Doch nichts Schlimmeres passiert, einige Angreifer bitten hinterher bei den Attackierten

Klopapier und Zigaretten als Dank für den Mönch

um Entschuldigung. Es ist eine ausgesprochen höfliche Raserei.

Ein »Elefant« stampft laut trompetend auf den Altar zu, eine »Schlange« windet sich durch den Staub, eine »Affe« macht Mätzchen. Ein »Tiger« und ein »Wildschwein« starren einander lange in die Augen, plötzlich stürzen sie aufeinander los. Staub wirbelt auf, Menschen schreien, aber der bestialische Ringkampf endet so abrupt, wie er begann. Niemand ist verletzt. Schließlich, nach Stunden, endet alles in einem Ansturm der Massen auf den metallisch glänzenden Abt. Die Ordner pusten und zupfen an hunderten Ohrläppchen, Gartenschläuche, die geweihtes Wasser aus riesigen Almosenschüsseln verspritzen, bringen schließlich auch den Letzten zur Räson.

Immer mal wieder versucht der Staat, dieses Treiben zu unterbinden. Mönchen wird mit Gefängnis gedroht, sollten sie ihre Finger nicht von den langen Nadeln lassen, mit denen sie ihre Bilder und Zeichen in die Leiber ritzen. Bereits König Rama V. verbot im 19. Jahrhundert die Tätowierungen, da sie Zeichen der Sklaven seien. In der modernen thailändischen Gesellschaft gelten die großflächigen Tattoos weniger als Ausweis magischer denn krimineller Energie. Unverwundbar zu sein, unbesiegbar, wer hätte es nötiger als ein Gangster? Es hilft nichts, dass jedem neuen Bild ein Versprechen an den ritzenden Meister vorangehen muss, die übernatürliche Kraft nur zum Guten zu verwenden. Schon das Ausziehen des T-Shirts in der Öffentlichkeit gilt als Provokation, als aggressiver Akt, wenn darunter magische Malereien sichtbar werden.

Doch es sind im Wesentlichen rechtschaffene Bauarbeiter oder Feuerwehrleute, die sich die billige Lebensversicherung leisten. Es sind die Thaiboxer, denen etwa der Affe – qualifiziert durch seine kraftvollen Beine – zu finalen Kicks verhelfen soll. Es sind die Mopedfahrer, die sich wegen der magischen Schnörkel auf der Hand den Helm auf dem Kopf sparen. Und es sind auch Teenager, die sich wegen der blau schimmernden Narben unter Tarnkappen wähnen. Im Jahre 2002 kam es in einigen Bangkoker Schulen zu ausufernder Gewalt: Rivalisierende Gangs hatten ihre Unsichtbarkeit testen wollen. Die Armee rekrutiert mittlerweile niemanden mehr, der eine Tätowierung trägt. Der Markt hat reagiert: Neuerdings sind farblose Tinten aus

Sesamöl erhältlich, welche die Bilder unter der Haut verstecken.

Aber zur Armee will Atthavut sowieso nicht. Er steht in einer langen Reihe und wartet Stunden, um zu Luang Pee Pan vorzukommen. Schließlich übergibt er einen orangefarbenen Plastikeimer, gefüllt mit Zigaretten, Toilettenpapier und Räucherstäbchen, an den Mönch. Es ist der übliche Lohn für ein neues Bild. Das nächste will Atthavut in die Kniekehle gestochen haben. Ein Penis mit gefiederten Schwingen soll es sein, aber er versteckt ihn nicht etwa aus Schamgefühl, obwohl man dies annehmen könnte. Ganz im Gegenteil: »Alles zwischen Hüfte und Knien ist besonders effektiv«, sagt er. Und »effektiv« will er sein: »Ich habe eine neue Freundin«, sagt er, »ich brauche Kraft für sie.« Er lächelt.

Helfer halten ihn, während er auf dem Bauch liegt. Gebannt schauen die Umsitzenden zu. Auch Frauen sind darunter. Frauen? Erst auf den dritten Blick wird klar – es sind Transvestiten, *kathoey* (s. S. 59). Auch wenn sie nicht so aussehen, sind sie immer noch Männer. Andernfalls dürfte der Mönch sie nicht berühren.

Mit einer langen Nadel in der Linken und seiner rechten Faust hämmert Mönch Luang das Motiv ein. Es ist dieselbe Nadel, mit der er bereits Dutzende Körper zuvor bearbeitet hat. Ein Lappen und ein Gebet haben sie desinfiziert.

Atthavut schwitzt, er stöhnt leise, während der kahlköpfige Mann im orange Gewand hämmert und Gebete murmelt. Kaum zwanzig Minuten dauert die Tortur. Schließlich haucht der Mönch seinen Atem auf die Stiche, er reibt über die noch rötlich schimmernden Narben, er singt leise. Erst jetzt, durch die Dreifaltigkeit von Gebet, Reiben und Gesang, ist die Tätowierung zu kraftvollem Leben erweckt.

Ein letzter Stich, ein Wisch über das neue Bild, dann noch ein kurzes Gebet – das geflügelte Glied ist fertig. Atthavut erhebt sich – an den unteren Körperteilen wundersam gestärkt für seinen ganz privaten Geschlechterkampf. Oben herum gefeit gegen alles und jeden. ■

MERIAN | KLOSTERLEBEN

Tiger und Drogen

Es wird längst nicht mehr nur studiert und meditiert: Mit zahmen Raubtieren und Zaubertricks wollen immer mehr Klöster Profit machen

Die Klosterkultur Thailands befindet sich im Umbruch. Seit der Währungskrise 1997 hat in der gesamten Gesellschaft die Bedeutung ökonomischer Werte gegenüber geistlichen enorm zugenommen. Für viele Klöster und Mönche heißt das: Sie müssen und wollen Geld verdienen. So haben sich etliche Klöster als Touristenattraktion aufgestellt. Weltweit bekannt ist heute das Tigerkloster Wat Pa Luangta Bua Yannasampanno, seit es vor einigen Jahren im US-Fernsehen vorgestellt wurde.

Hier leben Mönche mit rund 15 Tigern, die so zahm sind, dass auch Besucher mit ihnen spielen können. Das allerdings kostet: Eintritt 6 Euro, Tigerkraulen 20 Euro extra. Damit sich das lohnt, darf die Schmuserei nur Sekunden dauern, dann ist der nächste Besucher dran. Dem Tigerkloster wurde wiederholt Tierquälerei vorgeworfen, die Tiere würden geschlagen und mit Steinen beworfen. Allerdings ist das nicht sehr wahrscheinlich, denn ein ausgewachsener Tiger würde sich so etwas kaum bieten lassen. Eher liegt der Verdacht nahe, dass die Tiger mit Drogen ruhiggestellt werden. Auch andere Klöster versuchen, Profite zu erzielen, und präsentieren den Besuchern Tiere (etwa Schlangen, Pferde, Krokodile) oder allerlei als Meditationskunst ausgegebene Jahrmarktattraktionen.

Dennoch spielen die Klöster im Alltag der Thais noch immer eine wichtige Rolle, und viele von ihnen haben sich sozialen Aufgaben verschrieben. So kümmern sich etwa etliche Häuser um die Behandlung drogenabhängiger Jugendlicher im Land. Das Kloster Thamkrabok hat es sogar zu internationalem Ruf gebracht: Der dortige Drogenentzug gilt als der härteste der Welt.

Drei Stunden westlich von Bangkok: zahme Tiger als Attraktion im Kloster

Das Leben

Fast eine Million Menschen leben zurückgezogen in den Bergen des Nordens. Die meisten von ihnen sind Flüchtlinge, die Hoffnung auf Frieden hat sie über die Grenze getrieben

TEXT **TOM VATER** FOTOS **AROON THAEWCHATTURAT**

der Anderen

Huei Kut Kap heißt das Dorf der Roten Lahu hoch in den Bergen. Wie die meisten Bergvölker im Norden leben sie als Selbstversorger von Ackerbau und Viehzucht. Das moderne Thailand liegt Welten entfernt, auch wenn man am Horizont die Ebene von Chiang Mai erahnt

Geschmückte Jungs: Silberapplikationen gehören zur Tracht der Lisu

Im Dorf der Akha: Ein Ehepaar in Ban Palai flicht Matten aus trockenen Gräsern – Rohmaterial fürs Dach

Er blickt, sie stickt: Handarbeit im Lisu-Dorf See Dong Yen

Freundliche Gästehäuser als Eingang in die Welt der Berge: Die »Lisu Lodge« nimmt Touristen auf

Brückentest: Führer Ata auf dem Steg, der zu einem Lahu-Haus führt

Bis vor kurzer Zeit herrschte Krieg im Urwald

Morgengrauen. Seit einer Stunde krähen die Hähne im Lisu-Dorf See Dong Yen. Nichts ist sonst zu hören. Stille. Chiang Mai, die größte Stadt Nordthailands, liegt fünfzig Kilometer entfernt, in einer anderen Welt. Es hat die Nacht hindurch geregnet, dichte Nebelwolken verschleiern das saftig-grüne Tal, in dem das Dorf liegt. Wie die Rückenwirbel schlafender Drachen ragen vor uns dschungelbedeckte Berge aus der Dunkelheit, die sich bis nach Birma gen Norden ziehen.

Vor zwei Jahrzehnten streiften Tiger, kommunistische Rebellen und Opiumhändler in diesen Bergen umher. Heute sind zwei kichernde Lisu-Mädchen in knielangen, schwarzen, knallig-bunt bestickten Kitteln überrascht, dass die Gäste in der »Lisu Lodge« schon so früh wach sind. Die beiden Mädchen laufen fast lautlos zwischen Mango- und Rambutanbäumen hindurch zu einem der vier im Lisu-Stil gebauten Gästehäuser. Sie sind nach den vier Elementen benannt, aus denen im Glauben der Lisu alles besteht: *din*, zu deutsch Erde, *nam* (Wasser), *lom* (Wind) und *fai* (Licht). Unterhalb unserer Unterkunft liegen ein paar Reisfelder, Nassreis, den die Thais in den nächsten Wochen ernten werden. Um ums herum, an den Hügeln am Rand des Dschungels, wächst dagegen Hochlandreis, und den wissen in Thailand nur die Bergvölker anzubauen.

Die Berge sind Zuflucht, aber nicht Heimat

Die »Lisu Lodge« ist der Ausgangspunkt für unsere Reise in die Welt der ethnischen Minderheiten Nordthailands. **Fast eine Million Menschen gehören zu den verschiedenen Völkern, sie sprechen ihre eigenen Sprachen, tragen ihre eigene, nach alten Mustern gestaltete Kleidung, hängen einem animistischen Glauben an und bauten bis in die neunziger Jahre Opium an.** Heute leben sie meist vom Ackerbau, sind Selbstversorger, weitgehend isoliert vom modernen Thailand. Wir sind unterwegs zu Menschen, die sich am Rande der thailändischen Gesellschaft bewegen. Meine Frau, die Fotografin und Ethnobotanikerin Aroon Thaewchatturat, und ich haben drei Tage Marsch vor uns. Die Dörfer der so genannten Bergvölker kleben wie Nester an den steilen Berghängen, zwischen 500 und 1500 Meter hoch über dem Meeresspiegel.

»Macht euch keine Sorgen, der Weg ist auch im Regen wunderschön.« Ata, breitschultrig, mit kurzgeschorenem Schädel, einem grünen T-Shirt und in Shorts, die nackten Füße in birmanischen Militärstiefeln, grinst mich an. Wir werden heute von knapp 400 Metern auf 1300 Meter aufsteigen. Der 31-Jährige lacht: »Macht es wie wir. Plaudert mit den Leuten, die euch entgegenkommen, dann vergesst ihr, wie weit es ist.«

Ata wird uns zu einigen der Volksgruppen führen, die sich in den vergangenen 150 Jahren in Nordthailand niedergelassen haben. Er selbst gehört zum Volk der Akha, wurde in China geboren und kam mit vier Jahren mit seinen Eltern über Birma nach Thailand. Er erinnert sich noch an die Opiumkarawanen, die von den Kriegsherren im ehemals berüchtigten Goldenen Dreieck entlang der thailändischen, birmanischen und laotischen Grenze bis in die neunziger Jahre durch die Bergdörfer der Minderheiten zogen. Seit die Regierung den Opiumanbau weitgehend unterband, bringen die Karawanen aus Birma Amphetaminpillen ins Land. Ein guter Grund, auch heute nicht allein durch die Berge Nordthailands zu marschieren.

Ata hat einen Universitätsabschluss und arbeitet für ein Reisebüro, das mit den Minderheiten gemeinsam Programme für Besucher aus dem Ausland entwickelt. Ein Idee, bei der beide Seiten gewinnen sollen. »Seit den 1980er Jahren haben Reisebüros Tausende Touristen in unsere Dörfer geschickt. Wir haben kaum etwas von den Einnahmen gesehen.« Mit neuen Projekten, in die das gesamte Dorf eingebunden ist, soll sich das nun ändern, sagt er: »Die Kooperation zwischen uns, den Thais und den Touristen bietet uns die Chance, unsere Kultur trotz der wirtschaftlichen Entwicklung zu erhalten.« So weit die Theorie.

Mit ein paar Tüten Reis, Gemüse und Fleisch im Rucksack sind wir unterwegs in das Tal des Mae Taeng, auf der Suche nach dem Volk der Lahu. Wir wandern gen Norden, Richtung Birma und Laos, den Fluss entlang, hoch hinauf in die Berge, vorbei an Bananenfeldern und Elefantencamps. Als die Straße endet, lassen wir den rauschenden Fluss hinter uns und steigen bergauf, durch dichten Mischwald, am Rand des Nationalparks Huai Nam Dang entlang. Eine Gruppe Lahu-Frauen in knielangen schwarzen Kitteln kommt uns munter schwatzend entgegen. Jede trägt einen Korb voller Feuerholz, Pilze und Nüsse auf dem Rücken, gehalten von einem dünnen Seil, das sich um ihre Stirn spannt. 1880 sollen die ersten Lahu-Familien aus Birma hierher gezogen sein, der nächste Schub kam in den 1950er Jahren nach Maos Sieg im Bürgerkrieg aus Südchina, und schließlich trieb der Bürgerkrieg in Birma in den 1980er Jahren weitere tausende Lahu nach Thailand. **Eine wirkliche Heimat haben sie hier nicht gefunden, bestenfalls ein Refugium, die Berge bieten ihnen Schutz. Wie die Lahu sind auch andere Ethnien aus China und Birma eingewandert, getrieben von der Hoffnung auf ein friedliches Leben.** Viele sind Staatenlose, die Dorfgemeinschaft ist ihre einzige Regierung. Die Lahu-Frauen, die uns am Wegrand neugierig betrachten, kommen aus der Gruppe der Lahu Nyi, der Roten Lahu. Ihr Dorf Huei Kut Kap ist unser Ziel, ein paar Stunden Fußmarsch durch den Dschungel entfernt.

Der Pfad ist steil und schlammig. Das Wasser steht in tiefen Pfützen zwischen gigantischen Baumwurzeln, die sich über den Weg winden. Gegen Mittag machen wir an einem Wasserfall Rast. Dreißig Meter stürzt das Wasser in Kaskaden aus der baumbewachsenen Wand über uns in die Tiefe. Bevor wir essen, sammelt Ata große Blätter im Wald – unsere Teller. Beladen mit etwas Reis und Hühnchen, wird das erste Blatt am Wegrand abgelegt. »Für die Geister, die im Wald leben«, lacht Ata, aber er meint es ganz ernst, und es fällt nicht schwer, sich die Naturgeister im undurchdringlichen Bambusdickicht um uns herum vorzustellen.

Auf etwa tausend Metern Höhe lichtet sich der Wald, die Kletterei hat ein Ende. Ata schwitzt nicht einmal. Wir laufen einen schmalen Bergrücken entlang – rechts und links reicht der Wald bis zum Horizont. Vor uns liegt Huei Kut Kap in der Abendsonne, die gerade durch die Gewitterwolken bricht. Die strohbedeckten Hütten der Roten Lahu glänzen wie Gold im dunklen Grün des Waldes. Ata winkt uns an Häusern vorbei, die auf kurzen Stelzen im knöcheltiefen Schlamm stehen. Auf den Veranden tollen kahl geschorene Jungen, jagen ihre Hunde oder schnitzen mit großen Messern an kleinen Holzstücken herum.

Am frühen Morgen machen sich Laem, der Chef des Lahu-Dorfes Huei Kut Kap, und seine Frau Ippa auf den Weg zu den Feldern

Selbst der Schamane muss neuerdings aufs Feld

Eines der Häuser ist ein bisschen größer als die anderen. Wir folgen Ata auf eine weite Terrasse und sind überwältigt von dem Panorama, das sich uns bietet: Unter uns erstreckt sich der Dschungel, undurchdringbar und unheimlich zieht er sich weit hinab bis in ein enges Tal. Der nächste Bergrücken ist kaum zwei Kilometer Luftlinie entfernt. Ein weiteres Lahu-Dorf klammert sich dort an den Abhang. Ata setzt seinen Rucksack ab und zieht seine verschlammten Militärstiefel von den Füßen. »Willkommen im Lahu Outpost.«

Wir sitzen mit dem Dorfchef Laem und seiner Familie auf der Terrasse. Laem ist 32 Jahre alt. Er trägt eine kurze schwarze Jacke, die am bestickten Saum mit unzähligen silbernen Münzen geschmückt ist. Er sieht gut aus, wie ein chinesischer Kriegsherr in einem alten Film. Sein Vater Chakaw ist gerade mal 45 Jahre alt. »Viele unserer Traditionen lösen sich langsam auf«, erzählt Laem mit einem melancholischen Lächeln. »Immer mehr Lahu wechseln die Religion. Früher waren wir streng in unsere Klans geteilt. Heute heiratet ein Schwarzer Lahu auch mal eine Rote Lahu.«

Ich frage Laems Vater Chakaw, ob er schon einmal in der Stadt war, in Chiang Mai. Er lacht. **»Was soll ich denn in Chiang Mai? Ihr Ausländer seid ja verrückt genug, um die halbe Welt zu reisen und Geld zu zahlen, um den Berg zu uns heraufzulaufen.«**

In der Nacht setzt der Regen wieder ein, ein paar Stunden vor Sonnenaufgang krähen die Hähne im Dorf. Tief unter uns liegt ein Teppich aus schneeweißem, dichtem Nebel. Weit in der Ferne ist Chiang Mai in einem Wolkenloch wie durch eine magische Lupe zu erkennen.

Wir verabschieden uns von Laem und seiner Familie und wagen uns an den Abstieg. Es geht eine schmale Schlammstraße hinunter, das Dorf mitsamt dem lauten Geschrei der spielenden Kinder und den Hundegebell ist bald verschwunden. Wir fühlen uns, als habe der Wald uns verschluckt, wandern immer weiter und sehen auf einmal drei Elefanten. Dunkle Kolosse, die uns langsam entgegenkommen. Drei junge Karen, Angehörige von Thailands größter ethnischer Minderheit, sitzen auf dem Nacken der gleichmütigen Giganten und versuchen, die Tiere davon abzuhalten, die Büsche um uns herum zu vertilgen. Sie sind *mahuts*, Elefantentreiber, ziehen an uns vorbei, um Weideplätze für die Tiere zu suchen.

Ata drängt uns zur Eile, er hat uns in das Haus seiner Eltern eingeladen. »Als ich jung war, habe ich von einer Schule für die Minderheiten in Zentralthailand gehört«, erzählt er. Dort wurde er aufgenommen, hatte aber kein Geld für die Reise nach Hause. Neun Jahre lang sah er damals seine Eltern nicht. »Wir hatten einfach kein Geld. Das war hart.«

Wir sitzen in Atas Elternhaus, auf der Männerseite. Im Akha-Dorf Ban Palai leben Männer und Frauen getrennt. In den Familienhäusern ist der große zentrale Raum mit einer kopfhohen Zwischenwand geteilt. Alte Kalender mit Bildern chinesischer Akha hängen an den Wänden und vergilbte Fotos von Ata. Sie zeigen ihn beim Militärdienst – in den Bergen, mit einem Maschinengewehr im Schoß – und auch am Tag seines Universitätsabschlusses. Atas Mutter kommt und geht, ohne dass wir es bemerken, das Haus hat getrennte Eingänge für Männer und Frauen.

Wie alle Häuser der Akha steht auch Atas Heim auf Stelzen. Sanftes Licht fällt in langen Streifen durch die Wände aus gespaltenem Bambus. Wir essen Reis, stark gewürztes Hackfleisch und eine köstliche grüne Suppe mit Zitronengras. Die Akha essen auch Hunde, aber die kommen heute Abend nicht auf den Tisch beziehungsweise auf den Bambus-Fußboden, auf dem das Essen serviert wird.

MERIAN | TIPP

Die Bergwelt erleben

»Lisu Lodge« und »Lahu Outpost« werden von **Asian Oasis** gemanagt. Die Agentur organisiert ein- bis fünftägige Exkursionen im Goldenen Dreieck und versucht dabei, der Kultur der Bewohner ebenso wie der Natur möglichst wenig Schaden zuzufügen.
Bangkok, Nai Lert, 2/4 Wireless Road
Tel. 0 2655 6246-48
www.asian-oasis.com/lisu.html

Wir treffen Atu, den Dorfschamanen, 65 Jahre ist er alt und ganz in Schwarz gekleidet, sein strenges, aber nicht abweisendes Gesicht zeigt tiefe Falten. In Birma geboren, kam er vor 34 Jahren nach Thailand. »Damals war Krieg«, erzählt er, »und als mein Vater starb, schlich sich meine Mutter mit mir über die Grenze.«

Von seinem Vater übernahm Atu das Amt das Schamanen, von Generation zu Generation wird diese Aufgabe bei den Akha an den ältesten Sohn weitergereicht. Er steckt sich eine von Hand gerollte Zigarre an und raucht einen Moment lang still vor sich hin. Hinter ihm steht eine alte Jagdbüchse, ein paar schwarze Kittel, mit Münzen aus der Kolonialzeit Birmas bestickt, hängen an der Wand.

»Als Schamane habe ich drei Aufgaben«, erklärt er. »Ich sage den Akha, was sie in ihrer Zukunft erwartet, ich heile die Kranken – manchmal, indem ich Tiere opfere, und ich kenne die Rituale, die bei einem Todesfall nötig sind.« Früher hat ihn das Dorf für diese Dienste ernährt, aber seit sich viele Akha zum Christentum bekennen, muss auch er jeden Tag aufs Feld.

Am Eingang des Dorfes steht eine Kirche. Atu ist davon nicht begeistert. »Unsere Kultur ist 2500 Jahre alt. **Aber in den letzten zehn Jahren sind fast die Hälfte der Akha in Thailand Christen geworden, weil die Missionare Geld geben und die Kinder in die Schule schicken.** Aber dort werden sie zum Christentum gezwungen. Wenn Ban Palai ganz konvertiert, dann ziehe ich um, in ein Dorf, wo es noch Akha gibt.«

Ich übernachte im Hausteil der Männer, zwischen Ata und seinem Vater, Aroon ist im Frauenbereich untergekommen. Der Regen prasselt ununterbrochen aufs Dach, und ich schlafe so gut wie schon lange nicht mehr. Am nächsten Morgen scheint die Sonne, unter strahlend blauem Himmel erstreckt sich der Dschungel über die Felsen. Auf den schlammigen Wegen im Dorf versammeln sich die Dorfhunde, die ich seit dem Vorabend mit einem gewissen Mitgefühl betrachte.

Auf der Veranda trinken wir Tee. Unter uns grunzt ein Schwein in seinem Gehege. Atas Mutter erscheint, lächelt kurz zu uns herauf, dann packt sie ihre Feldhacke, zieht die Korbhalterung über die Stirn und läuft zu ihrem Feld, einen Kilometer entfernt. Aroon und ich müssen bald zurück nach Chiang Mai, zurück in die Welt der Autos, Fernseher und Supermärkte. Aber bevor wir Atas Dorf verlassen, folgen wir noch seiner Mutter zur Arbeit aufs Feld. Sie erntet Mais, und während sie langsam ihren Korb füllt, sitzen wir unter einer kleinen, auf Stelzen stehenden Hütte und schälen ein paar Säcke Mais.

»Immer, wenn ich ein paar Tage frei habe, komme ich helfen. Ich bin der älteste Sohn. Als Akha habe ich damit die Aufgabe, meine Eltern zu versorgen. Ich kann erst heiraten, wenn meine Geschwister fertig studiert haben. Und obwohl ich studiert habe und Buddhist geworden bin, bin ich im Herzen noch immer ein Akha.«

Ata lacht verlegen über sein kompliziertes Leben und schaut über das Feld hinunter ins Tal, »Ich lebe in der Stadt«, sagt er, »aber ich gehöre hierher, in mein Dorf.« ■

Bambuswände, keine Fenster, getrennte Räume für Männer und Frauen: Akha-Haus auf Stelzen in Ban Palai

Die Karen halten als einziges der Bergvölker Elefanten. Jungen führen sie zu den besten Weideplätzen

Der Dorfschamane von Ban Palai geht schlicht zur Arbeit, seine Frau mit Kopfschmuck

Überleben als Attraktion

Thailands Regierung hat die ethnischen Minderheiten lange als rechtlose Flüchtlinge ignoriert. Doch immer mehr Dörfer werden zu Touristenzielen

Viele Volksgruppen sind aus Birma, Laos oder Südchina in die thailändischen Berge übergesiedelt. Die thailändischen Regierungen haben sie lange Zeit kaum zur Kenntnis genommen. Die Minderheiten sind ethnisch sehr heterogen, die wichtigsten sind Karen, Hmong (Miao), Lahu, Akha, Lisu, Mien, Lawa und Khmu. Etliche haben erst in jüngster Vergangenheit die Grenze überquert, was Thailand zu Reaktionen zwingt. Die folgen bislang aber keiner klaren Linie.

So verwehrt der Staat den Padaung Papiere unter dem Vorwand, sie seien Flüchtlinge, verweigert ihnen aber zugleich die Ausreise. Das mag damit zusammenhängen, dass die Padaung eine touristische Attraktion sind. Ihre Frauen tragen Messingringe um den Hals, der dadurch unnatürlich gestreckt wirkt. Die Ringe erwachsener Frauen wiegen etwa fünf Kilo. Das Gewicht drückt das Schlüsselbein nach unten und lässt den Hals bis zu 30 Zentimeter lang aussehen. Wirklich gedehnt wird er dabei nicht. Durch die eingeschränkte Bewegungsfreiheit werden aber alltägliche Verrichtungen wie Anziehen, Laufen und Arbeiten enorm erschwert. Während des Schlafens muss der Kopf gestützt werden. Die Ringe übernehmen teilweise die Arbeit der Muskulatur, was zu Muskelschwund führt. Werden die Ringe entfernt, muss die Muskulatur erst wieder aufgebaut werden.

Woher der Brauch kommt, ist unklar. Je nach Legende sollen die Reife Schutz vor Tigern, Dämonen oder Männern geben. Seit den 1960er Jahren flohen viele Padaung vor Bürgerkrieg und Diktatur aus Birma nach Thailand. In den neunziger Jahren wurde ihre Tradition, die nur noch wenige ältere Frauen pflegten, als Touristenattraktion entdeckt.

»Die Menschen sind an Besucher gewöhnt und lassen sich gern fotografieren«, ist auf Schildern am Eingang eines Padaung-Dorfes zu lesen. 250 Baht, umgerechnet fünf Euro, kostet der Eintritt ins Dorf, ausführlichen Fotosession inklusive. Der Großteil des Geldes geht an die »Karenni National Progressive Party«, die damit Waffen für ihren Kampf um einen unabhängigen Karen-Staat in Birma kauft – die Padaung zählen sich zur Volksgruppe der Karen.

Frauen, die den Schmuck tragen, bekommen im Monat etwa 1500 Baht, umgerechnet 30 Euro. Das ist in den armen Bergregionen viel Geld, weshalb den Mädchen schon mit fünf Jahren der erste Ring angelegt wird. Bis zu ihrer Heirat kommen regelmäßig weitere Ringe dazu.

Bei den Hmong verhält sich die Regierung anders. Sie sind in den vergangenen Jahren in großer Zahl aus Laos geflohen, wo sie brutal verfolgt werden. Für die kommunistische laotische Regierung sind sie Terroristen. Tausende von ihnen leben in Thailand in Internierungslagern. Da Bangkok sich von der Masse der Flüchtlinge überfordert fühlt, droht die Regierung damit, sie nach Laos zurückzuschicken. Das UN-Flüchtlingshochkommissariat versucht dies zu verhindern, weil die Abschiebung für viele Hmong der sichere Tod wäre.

Entwicklungsprogramme, wirtschaftliche und touristische Erschließung führen auch dazu, dass einige Völker kulturell und sprachlich in der Thai-Bevölkerung aufgehen. 2001 berichtete MERIAN über die Malabri im Südosten Thailands, die letzten Waldnomaden, die noch als nicht sesshafte Wildbeuter lebten. Ihre Kultur, hieß es, sei vom Aussterben bedroht. Tatsächlich leben die Malabri heute, christianisiert und von der Schulter bis zum Knöchel bekleidet, in zwei ärmlichen Dörfern am Rand ihrer abgeholzten einstigen Lebenswelt.

Den Padaung-Mädchen werden bis zur Hochzeit regelmäßig neue Messingringe um den Hals gelegt

Wenn uns eine Stadt
zu Frühaufstehern macht...
... dann muss es live! sein
MERIAN live! macht Ihre Reise immer zu einem besonderen Erlebnis. Mit den schönsten und wichtigsten Sehenswürdigkeiten, ausgewählten Spaziergängen und Ausflügen sowie Tipps zum „grünen reisen“.
WWW.MERIAN.DE
MERIAN
Die Lust am Reisen
NEU
MERIAN live!
Barcelona
MIT KAPITEL NEU grüner reisen
Casa Batllò › Fantasievolle Architektur
Sagrada Família › Gaudís »Predigt aus Stein«
Las Ramblas › Flanier- und Prachtmeile
& Kartenatlas im Buch
Extra-Karte zum Herausnehmen

Ein neuer Anfang: Waisen in der Beluga School for Life

Schule mit Sportplatz und Mensa. Im Hintergrund die Gäste-Bungalows

Platz genug und Zeit genug zum Fußballspielen

Die Mensa der Modellschule: Nach dem Unterricht gibt's Essen für alle: Treffpunkt Mensa

Die Schüler erstellen ihre eigene Zeitung

Welle der Hoffnung

Khao Lak war 2004 vom Tsunami schwer betroffen. Heute gehen dort Waisenkinder in eine neue Schule und lernen Selbstständigkeit – ein Projekt deutscher Unternehmer und Pädagogen

TEXT **TOM VATER** FOTOS **AROON THAEWCHATTURAT**

Am 25. Dezember 2004 haben wir gefeiert. Am Morgen danach hat mich die Welle aus dem Tiefschlaf in den Indischen Ozean gerissen. Als ich an die Oberfläche kam, hatte es mich bereits 150 Meter weit raus ins Meer gezogen. Das Wasser war voller Toter, vor allem Kinder, und Müll. Dann hörte ich das Rauschen der zweiten Welle. Ich habe mich umgedreht und gesehen, was da kam. Kurz bevor die Welle über mich hinwegrollte, bin ich getaucht. Das Wasser hat mich hin- und hergeschleudert und ich habe fast das Bewusstsein verloren. Die dritte Welle hat mich an Land gespült.«

So erzählt der aus Dortmund stammende Roman Galgonek, der seit fast zehn Jahren Bungalowanlagen und das Tauchgeschäft Similan Scuba Adventures in Khao Lak, einem idyllischen Strandort an der Westküste Thailands, betreibt. Wir sitzen in seinem neuen Büro und sichten Fotos: Bilder vom Tag vor dem Tsunami – lachende junge Leute, darunter viele Deutsche. Bilder vom Tag danach – Trümmer, Tote, hier und da noch ein neues Rollköfferchen, mit Schlamm bedeckt – Zeugnisse der größten Naturkatastrophe, die Thailand je erlitten hat.

»Mein Sohn war am Strand. In Panik bin ich zu unserer Bungalowanlage zurückgerannt, aber da war niemand mehr am Leben. Die Welle hatte alles plattgemacht. Eine Stunde später fand ich ihn dann im Haus von Verwandten. Wir hatten alles verloren, aber wir waren am Leben und unverletzt. Alles andere war egal.«

Vor rund fünf Jahren, am 26. Dezember 2004 um 7.58 Uhr, wurde der Indische Ozean durch ein schweres Seebeben mit einer Stärke von 9,0 auf der Richterskala erschüttert. Der von dem Beben ausgelöste Tsunami, eine Reihe von gigantischen Wellen, tötete mehr als 230 000 Menschen an den Küsten des Indischen Ozeans und verwüstete Tausende Kilometer ufernahe Gebiete und Inseln. **Fast 5400 Menschen kamen allein in Thailand ums Leben, mehr als 2800 blieben vermisst. Etwa 60 000 wurden verletzt. Wobei diese Zahlen immer noch strittig sind.** Etwa die Hälfte der Toten waren Besucher aus dem Ausland, darunter auch 500 Deutsche, die an der Westküste Thailands den Weihnachtsurlaub verbrachten. Mehr als 30 000 Jobs hat der Tsunami die Fischerei gekostet. Die Tourismusbranche traf es noch härter: Mindestens 120 000 Arbeitsplätze sollen als Folge der Todeswelle verloren gegangen sein.

Besonders groß war der Schaden in Khao Lak, einem beliebten Strandstreifen eine Stunde nördlich der Ferieninsel Phuket. Eine Stunde nach dem Seebeben, das sich westlich von Sumatra ereignet hatte, erreichte die erste von drei Wellen das Strandidyll und die umliegenden Fischerdörfer und hinterließ nichts als Trümmer.

Ban Nam Khem, eine Fischergemeinde nördlich der Touristenstrände, traf es mit voller Wucht. Ekachai Chinbut, ein 30 Jahre alter Fischer, erinnert sich: »Frühmorgens war ich auf unserem Boot, da rief mein Onkel an, eine riesige Welle sei auf dem Weg. Ich hab' ihm das nicht geglaubt. Ein paar Minuten später wurde mein Boot in die Mangroven vor Ban Nam Khem geschleudert. Das hat mir das Leben gerettet. Meinen Vater habe ich abends in den Trümmern unseres Hauses gefunden, meine Mutter am nächsten Tag einen Kilometer landeinwärts.«

Der junge Mann stockt, ihm fehlen die Worte. Fünf Jahre liegt der Tsunami heute zurück, aber wenn er sich an die Todeswelle erinnert, ist alles immer noch präsent und gleichzeitg so unbegreiflich. »Von unserem Dorf war nichts mehr übrig. Die meisten Mangroven waren in den Jahren vor der Welle abgeholzt worden. Ich hatte kein Boot mehr. Ich wollte auch eigentlich nicht wieder an den Strand, da waren die Seelen der Toten unterwegs. Aber ich bin dennoch in Ban Nam Khem geblieben. Wo sollte ich sonst hin?«

Im Februar 2005 besuchte der Bremer Reeder Niels Stolberg die verwüstete Westküste Thailands. Der Besitzer der Beluga Shipping GmbH war vom Ausmaß der Katastrophe erschüttert und wollte helfen. Seine Reederei hatte sich schon seit Jahren mit sozialen und kulturellen Aktivitäten in Deutschland engagiert; jungen Menschen zu helfen gehört zur Betriebsphilosophie des Unternehmens.

Die Kinder lernen wie in jeder Schule. Und noch viel mehr: Initiative und Selbstvertrauen

Über die »Fluthilfe Deutschland« lernte Niels Stolberg in Thailand den Berliner Pädagogen Jürgen Zimmer kennen, der 2003 im Norden des Landes eine Schule für Aids-Waisen gegründet hatte. Stolberg entschied sich, eine Schule für Tsunami-Waisen zu bauen. Durch Zufall hatte auch der Fischer Ekachai in Ban Nam Khem Professor Zimmer getroffen. »Ich habe mit ihm und 40 Kindern gearbeitet, und dann kam Herr Stolberg und hat Land gekauft, und wir haben begonnen, eine Schule zu bauen und unser Leben neu angefangen.«

Innerhalb einer Woche hatte der Bremer Reeder in den Bergen 20 Kilometer hinter Khao Lak Land gekauft und Baukosten und zehn Jahre Betriebskosten garantiert – die »Beluga School for Life« war geboren.

Auf den ersten Blick erinnert das wunderschöne Areal der Beluga School an ein Schullandheim in Europa, aber der tropische Dschungel, der das Gelände umgibt, verleiht dieser außergewöhnlichen Institution etwas Geheimnisvolles. Einige der schönsten Naturschutzgebiete Thailands liegen gleich um die Ecke. Die dunkelgrünen Bäume vermitteln ein Gefühl des Beschütztseins, des Hierhergehörens, perfekt für die inzwischen 150 Kinder. Jedes einzelne von ihnen hat Verlust und Leid hinter sich. Vier Jahre nach ihrer Eröffnung ist die Beluga School for Life mehr als nur eine Schule für Tsunami-Waisen. Im Kessel des kleinen Tals liegt ein großer Swimmingpool. 18 Bungalows für zahlende Gäste, so komfortabel wie die Ferienanlagen in Khao Lak, ziehen sich den Hang hinauf, in diskreten Abständen voneinander und von den Schulgebäuden. Zwischen den Bungalows grasen in aller Seelenruhe Wasserbüffel. In der Nähe die Schulkantine, zwei Fischteiche, eine große Halle für Tanz und Theateraufführungen, Verwaltungsgebäude, Klassenzimmer, Projekthütten und die Unterkünfte der Schüler. Auf dem Fußballplatz, von Werder Bremen gestiftet, läuft gerade ein Spiel.

Jörg Thiemann ist stolz. Seit Mai 2005 ist er Projektmanager der Schule, schon in Deutschland hat er für die Beluga Shipping Company gearbeitet. »Zu Anfang war es wichtig, elternlose Kinder von den Stränden zu holen, Unterkünfte und Unterrichtsgebäude zu bauen«, sagt er. »Aber der Plan war, ein Projekt zu schaffen, das sich nach zehn Jahren selbst tragen kann. Daher haben wir eine Kombination von Schule und Hotel entwickelt. Wir wollten, dass die Kinder im Hotelbereich mitarbeiten, und daraus sind eine Hotelfachschule und die Bungalowanlage entstanden.«

Die ersten zahlenden Gäste kamen 2007. Wer in der Beluga School wohnt, kann an Aktivitäten und dem Alltag der Kinder teilnehmen und lernt eine Facette thailändischen Lebens kennen, die der Strandurlauber nicht zu Gesicht bekommt.

Das Konzept der Hotelfachschule entstand aber nicht nur aus wirtschaftlichem Kalkül. »Wir sind die einzige Schule im Land, die versucht, alles für die Bildung der Kinder zu tun und gleichzeitig Geschäftsideen zu entwickeln, von denen Schule und Schüler profitieren können. Unsere Bäckerei ist ein gutes Beispiel. Wir hatten den deutschen Botschafter hier, der war so von unseren Kuchen begeistert, dass er seinen Koch zur Fortbildung herschicken will.« Ziel der Schulbäckerei ist es, die Hotels in Khao Lak zu beliefern und die Kinder in allen Bereichen des Hotelgewerbes auszubilden.

Zwanzig Kinder, Jungen und Mädchen stehen an diesem Vormittag in der Bäckerei, gemeinsam backen sie Pizzen, die sie am Nachmittag auf dem Markt in Khao Lak verkaufen wollen. Pati ist zwölf Jahre alt, ein fröhliches Mädchen aus dem Dorf Bangsak. Als der Tsunami zuschlug, verlor ihre Familie das Haus, und ihre Mutter wurde schwer verletzt. Patis Vater arbeitete damals im Irak. Als er zurückkam, verließ er seine Frau. Das Haus der Familie zerstört, die Mutter hatte keine Möglichkeit mehr, für die Kinder zu sorgen. Mit ihren zwei Brüdern kam Pati zur Beluga School.

»Manchmal vermisse ich unser Haus und meine Mutter, aber die kann ich ja jeden Monat besuchen. Der größte Unterschied zu meiner alten Schule ist, dass ich nun samstags Unterricht habe ich mache dann bei der Schülerzeitung mit. Ich arbeite auch gern in der Bäckerei und im Kräutergarten.«

Unterrichtet wird nach dem thailändischen Schulsystem, aber auch einige Ansätze aus dem deutschen Erzie-

Fischer Ekachai Chinbut hat alles verloren: Familie, Boot, Dorf. Nur nicht den Mut

Die Schule ist auch Hotel – und nicht das schlechteste

Die Bungalows der Hotelgäste stehen auf dem Schulgelände

Jörg Thiemann leitet das Projekt, Aw Wanvisa Changlek die Ausbildung

Freitagnachmittag: Gleich geht's raus aus der Uniform

MERIAN | HILFSPROJEKTE

Natur und Kultur

Andaman Discoveries in der Provinz Phangnga hilft Familien und Dörfern, die vor dem Tsunami vom Fischen lebten, beim Einrichten kleiner und ökologisch tragbarer Tourismusprojekte. Etwa Homestay-Aufenthalte und Touren zu Kultur und Natur.
www.andamandiscoveries.com

Das **Ecotourism Training Center** bildet junge Thais zu naturschutzbewussten Tauchern aus. Sie lernen außerdem Englisch und erlangen Computerkenntnisse. Die Absolventen sollen damit vor allem Jobs in der Ökotourismusbranche finden. Außerdem organisiert das ETC Korallenriffsäuberungen in der Region.
www.etcth.org/

Das **Mangrove Action Project** ist seit 2001 in Thailand aktiv und soll das Abholzen von Mangrovenwäldern an den Westküsten Thailands stoppen. Mangroven können Wellen bremsen, ihr Fehlen hat während des Tsunamis Tausende Leben gekostet. Wiederaufforstungsprogramme sind ebenfalls im Gange.
www.mangroveactionproject.org

Die **Koh Ra Ecolodge** auf der Insel Koh Ra, nördlich von Phuket, bietet umweltfreundliche Unterkünfte sowie Trekking und Schnorcheltouren mit besonderem Schwerpunkt Natur. Die Besitzer des Betriebes arbeiten schon seit dem Tsunami an Ökotourismusprojekten in der Region, u.a. Korallenriffsäuberungsaktionen.
www.thaiecolodge.com

Der **Beluga School for Life** können Sie helfen, indem Sie dort Urlaub machen. Die Erlöse fließen direkt ins Schulprojekt. Auf der Website **www.beluga-schoolforlife.de** finden Sie weitere Informationen.
Tel. 0421 33322-320, Fax-319

hungswesen finden einen Weg in die Beluga School. **»Um den Kreislauf der Armut zu durchbrechen, braucht man pfiffige Ideen«**, sagt Jürgen Zimmer. 60 Prozent des Unterrichts verlaufen nach ganz normalen thailändischen Vorgaben, um den Kinder einen national anerkannten Abschluss zu ermöglichen. Darüber hinaus aber bietet die Schule Projekte außerhalb des Klassenzimmers an – etwa zum Thema Recycling und ökologischer Landbau. »Das ist alles berufsvorbereitend«, sagt Zimmer.

Aw Wanvisa Changlek, eine Krankenschwester aus Phuket mit Ausbildung in der Psychiatrie, war von Anfang an am Aufbau der Schule beteiligt und sieht positive Resultate: »Das erste Jahr war wirklich hart. Die Kinder waren traumatisiert. Aber inzwischen merkt man schon einen großen Unterschied zu anderen Kindern in Thailand. In den Projekten erleben unsere Schüler Spaß am Lernen und beginnen, eigene Ideen zu entwickeln. Im Internat lernen sie, sich sozial zu verhalten und Verantwortung zu übernehmen.«

Auch Jörg Thiemann ist mit der Entwicklung der Schule zufrieden. »Inzwischen sind viele der Schüler keine Tsunami-Waisen mehr, sondern Kinder, die sonst vom Bildungssystem völlig ausgeschlossen wären.« Die Beluga School bietet ihnen Perspektiven, mit der Hotelfachschule etwa, die die Brücke zum Ferienort Khao Lak geworden ist.

Dort ist heute vom Tsunami nicht mehr viel zu bemerken. Ein paar Lücken gibt es noch zwischen den Hotelanlagen, und vom Strand aus sieht man die hohen Masten des Tsunami-Warnsystems zwischen den Resorts in den blauen Himmel ragen, am Straßenrand stehen Hinweisschilder für die Evakuierungsrouten.

In Bang Niang, im Zentrum von Khao Lak, liegt ein Patrouillenboot einen Kilometer landeinwärts in einem Reisfeld. Es ist zu einer Art inoffiziellen Gedenkstätte geworden. Das fast 25 Meter lange Boot vermittelt einen Eindruck von der Naturgewalt, die den Ferienort zerstört hat. Heute ist hier alles wieder tropisch schön, ein Postkartenidyll.

Vor fünf Jahren, Anfang 2005, lag alles darnieder, Khao Lak musste ganz neu anfangen. Bevor der Tsunami zuschlug, war der lange Strandstreifen ein beliebter Urlaubsort für Familien aus Europa. Khao Lak hatte einen fast einzigartigen Ruf in Thailand. »Das ganz Besondere an Khao Lak war die Ruhe. Hier gab es keine Discos oder Go-Go-Bars und vor dem Strand sind auch keine Bananenboote und Jet-Skis herumgefahren«, erinnert sich der Manager des »Khao Lak Seaview Resort & Spa«, Kiat Sriprasom. **»Das Jahr nach der Welle war chaotisch. Wie sollte man einen Ort, an dem so viele Menschen das Leben verloren hatten, wieder aufbauen?«** Die Infrastruktur war zerstört und lange Zeit war Khao Lak ein Ort des Schreckens.

Im November 2005 wurde das »Khao Lak Seaview« neu eröffnet. Es war ein schwerer Start: »Wir hatten keine ausgebildeten Angestellten mehr. Und die Reiseagenturen in Europa haben uns noch nicht getraut. 2006 kamen kaum Gäste zu uns.« Heute organisiert das Hotel Workshops mit der Beluga School, einige Angestellten lernen dort Deutsch. Kiat Sriprasom ist zufrieden mit dem Neuanfang: »Vor dem Tsunami hatte Khao Lak 6000 Zimmer. Jetzt sind es schon wieder 4500. Die Hoteliers zahlen der Gemeinde eine Umweltabgabe und wir säubern zwei Mal am Tag den Strand. Ich bin optimistisch, dass Khao Lak den Tsunami hinter sich lassen kann und sich mit umweltverträglichem Tourismus neu etabliert. Die Gemeinde steht dahinter.«

Dennoch ist das Trauma geblieben. Kasidej Preechanond, dem Resident

Strand in Khao Lak: keine Spuren der Katastrophe

Roman Galgonek, deutscher Unternehmer und Tsunami-Opfer

Beklemmendes Mahnmal in Ban Nam Khem: eine steinerne Welle

Der Tsunami trug dieses Polizeiboot einen Kilometer landeinwärts

Manager von »La Flora«, einem luxuriösen Urlaubsdomizil in Bang Niang, kommen fast die Tränen, als er sich an die Zeit nach dem Tsunami erinnert. »Wir waren Weihnachten 2004 überbucht. Unter den Gästen waren auch Prinzessin Ubolrat und ihre drei Kinder. Als ich die Welle kommen sah, habe ich vier Gäste geschnappt, und wir sind in ein Auto gesprungen und entkommen. Um drei Uhr nachmittags bin ich mit Soldaten zurückgekommen. Wir haben Prinz Poom Jensen, Sohn von Prinzessin Ubolrat und Enkel des Königs, und viele unserer Angestellten und Gäste tot aufgefunden. In den folgenden zwei Wochen sind wir zu den Krankenhäusern und Tempeln in der Umgebung gefahren, um nach unseren Vermissten zu suchen.«

Auch das »La Flora« wurde im Herbst 2005 erneut eröffnet. »Wäre Khao Lak einem Bombenanschlag zum Opfer gefallen, wäre ich nie zurückgekommen. Mit einer Naturkatastrophe kann ich besser umgehen.«

Im Dorf Ban Nam Khem liegt die offizielle Erinnerungsstätte für die Opfer des Tsunami. Hier, auf einer verwehten Landspitze, die ist kein Postkartenidyll. An diesem Ort kann man die Kraft der Todeswelle noch immer ahnen. Nach dem Tsunami baute die Regierung für alle Bewohner, die ihren Grundbesitz nachweisen konnten, neue Häuser. Alle anderern verloren ihr Zuhause. Das Dorf ist weitgehend zu ödem Grasland geworden. Geschäftsleute haben große Grundstücke abgesteckt – hier sollen in Zukunft Resorts gebaut werden.

Von der Katastrophe ist kaum noch etwas zu sehen, aber ihr Schrecken lebt noch immer

Der Besuch der Erinnerungsstätte ist eine beklemmende Erfahrung: Ein langer offener Gang in einem tiefen Graben führt an Tafeln mit den Namen der Verstorbenen vorbei, man hat das Gefühl durch eine tunnelförmige Woge zu laufen. Auch Hotelier Kasidej Preechanond war schon hier. »Es ist gut, dass es etwas von den Stränden entfernt ist. Man sollte Ruhe und Anteilnahme mitbringen, wenn man hierherkommt.«

Auf dem Markt in Khao Lak sind die Pizzen der Schüler ausverkauft. Pati ist stolz und bgeistert. »Hier haben wir unser erstes Geld verdient. Mit den Pizzen, die wir zusammen gebacken haben. Und jetzt können wir gar nicht genug backen. Das ist toll.« ■

DIE INSPIRATION DES REISENS. JEDEN MONAT NEU.

Wählen Sie jetzt Ihr Gratis-Extra und sichern sich Lesegenuss auf höchstem Niveau

LESER SERVICE
040/87 97 35 40

6 Flaschen Little James' Basket pressed plus Kellnermesser

Als „vin de liberté“ bezeichnet das Château Saint Cosme diesen köstlichen Tropfen, der aus durchschnittlich 60 Jahre alten Grenachereben gewonnen und ungefiltert abgefüllt wird. Er präsentiert sich mit intensiver kirschroter Farbe, Kraft und Würze. Dieser kräftige Rotwein ist anspruchsvoll, meist mit einigen Monaten Fassausbau, und er ist der perfekte Essbegleiter.

Aktions-Nr.: 295 13

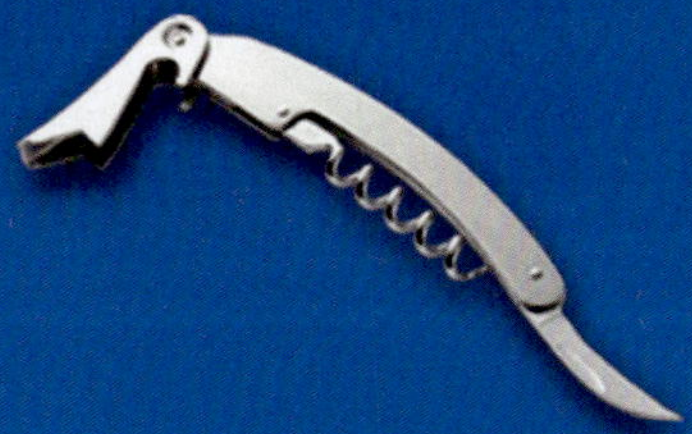

Inhalt: Sternanis (10 g), roter Chili (5 g), Koriander (10 g), Kardamom (15 g), Gelbwurz (20 g), Nelken (15 g), Kümmel (20 g), Pfefferkörner (20 g), Zimt (20 g), Muskatblüte (10 g), 1 Steinmörser. Bei den Mengen handelt es sich um ca.-Angaben.

Gewürzset von MASALA ROYAL plus Gewürz-Kompass von GU

Eine Sammlung von zehn indischen Gewürzen mit Steinmörser und 25 typischen indischen Rezepten. Außerdem ein Gewürz-Kompass von GU mit allen wichtigen Gewürzen und ihren Einsatzmöglichkeiten auf 128 S., Format 16,0 x 9,5 cm, Softcover.

Aktions-Nr.: 295 14

Bestellen Sie unter www.merian.de/lesen

AUTOREN UND FOTOGRAFEN

AROON THAEWCHATTURAT
hat einen bedeutenden Ruf als Fotografin. Sie ist mit Tom Vater verheiratet und begleitet ihn auf vielen Reportagen.

MAIK BRANDENBURG, Weltreisender und auf allen Meeren zu Hause, besuchte für uns das Tattoo-Kloster Wat Ban Phra.

THOMAS FEIX hat jahrelang in Bangkok gelebt. Er schaute sich in der Welt der thailändischen TV-Serien um.

VERENA LUGERT hat Südostasien zu ihrer zweiten Heimat gemacht, sie lebt in Hamburg und auf Bali. Für MERIAN war sie in einem Luxusresort – und danach als Rucksacktouristin unterwegs.

RAINER POLLMEIER, freier Journalist und Spezialist für Fernreisen, sprach mit Roger Willemsen.

TOM VATER lebt seit langem in Bangkok und schreibt für internationale Zeitschriften. Für MERIAN schaute er sich in den vom Tsunami betroffenen Gebieten um und besuchte die Bergvölker.

PETER MÜNCH, JULIA BRAUNE und **JONAS MORGENTHALER** recherchierten und schrieben den MERIAN-Kompass.

BILDNACHWEIS

Anordnung im Layout: o = oben, u = unten, r = recht, l =links, m = Mitte.
Titel: Patrick de Wilde/Hoa-Qui/laif; S. 3 l Michael Müller, r Philip Koschel; S. 4, 5 Philip Koschel, S. 5 l Aroon Thaewchatturat; S.6 lo Foto: Jörn Rynio aus Thailand Kochen und Verwöhnen mit Orginalrezepten, Gräfe & Unzer 2009; S. 6 m, S.7 ru Philip Koschel, S.7 lo Mario Weigt/Agentur Anzenberger, ro Aroon Thaewchatturat, mu sawangboran.com; S. 8 o,rm Philip Koschel, u G.MM, aus Philip Cornwel Smith-Typisch Thai, Bremen/Bangkok 2010, Seite 101; S.12/13 bis S. 28 Philip Koschel; S. 24/25 Mario Weigt; S. 30 epa Rungroj Yongrit/picture-alliance-dpa; S. 33 Bildstelle/Walter G.Allgöwer; S.34 bis 45 Philip Koschel; S. 46, 48, 49, 50 Fotos: Ralf Tooten, Innenteilbild aus Willemsen/Tooten, Bangkok Noir,S.Fischer 2009, S. 47 Ralf Tooten; S. 52 Cinetext Bildarchiv, S. 53 Philip Koschel; S. 54 bis 68, S. 72/73 bis 87 Philip Koschel; S. 70 Katja Lenz/dfd,S.71 Mark Eveleigh/Alamy; S. 88/89 bis S.103 Aroon Thaewchatturat; S.96 Mario Weigt/ Agentur Anzenberger; S.106 lo Tom Vater; S. 107, 109, 113, 116. 117, 118, 128 Philip Koschel; S. 108 Christophe Boisvieux/Corbis;S. 112 l Kurt Henseler/laif, r Kuerschner/laif; S.120 Mark Strickland/Water Frame; S.121 vario images; S.126 Outdoor Archiv/Lars Schneider; S. 130 lo, m,r Tim Langlotz, lu Natalie Kriwy

IMPRESSUM

Heft 2/2010, Februar, Erstverkaufstag dieser Ausgabe ist der 28. 1. 2010
MERIAN erscheint monatlich im Jahreszeiten Verlag GmbH, Poßmoorweg 2, 22301 Hamburg
Tel. 040 2717-0 **Anschrift der Redaktion** Postfach 601728, 22217 Hamburg
Tel. 040 2717-2600, Fax 040 2717-2628, E-Mail: redaktion@merian.de
Leser- und Aboservice Postfach 601220, 22212 Hamburg
Tel. 040 87973540, Fax 040 2717-2079 **Syndication** www.jalag-syndication.de
GourmetPictureGuide Stefanie Lüken, Tel. 040 2717-2002
Fax 040 2717-2089, www.gourmetpictureguide.de **Internet** www.merian.de

Herausgeber Manfred Bissinger
Chefredakteur Andreas Hallaschka
Stellvertretender Chefredakteur Hansjörg Falz
Art Directorin Sabine Lehmann **Chef vom Dienst** Tibor M. Ridegh
Textchefin Kathrin Sander **Redakteure** Charlotte von Saurma; Roland Benn, Thorsten Kolle, Jonas Morgenthaler (freie Mitarbeit) **Schlussredaktion** Tibor M. Ridegh
Layout Dorothee Schweizer (stellv. Art Directorin), Helga Damm (freie Mitarbeit), Ingrid Koltermann (Schlussgrafik) **Bildredaktion** Katharina Oesten, Eva M. Ohms
Redakteure dieses Heftes Thorsten Kolle/Roland Benn **Bildredakteurin dieses Heftes** Eva M. Ohms
Kartographie Peter Münch **Dokumentation** Jasmin Wolf, Sebastian Schulin (freie Mitarbeit)
Mitarbeit Helmut Golinger, Julia Braune
Herstellung Karin Harder **Redaktionsassistenz** Sabine Birnbach, Beate Röhl (freie Mitarbeit)
Geschäftsführung Joachim Herbst, Dr. Jan Pierre Klage, Peter Rensmann, Hermann Schmidt
Verlagsleitung Premium Magazine Oliver Voß
Group Head Anzeigen Premium Magazine Roberto Sprengel
Anzeigenleitung Sabine Rethmeier **Anzeigenstruktur** Patricia Hoffnauer
Marketing Kenny Machaczek, Justus Hertle, Sonja Wünkhaus
Vertrieb PSG Premium Sales Germany GmbH, Poßmoorweg 2-6, 22301 Hamburg
Vertriebsleitung Jörg-Michael Westerkamp (Zeitschriftenhandel), Joachim Rau (Buchhandel)
Verantwortlich für den redaktionellen Inhalt Andreas Hallaschka
Verantwortlich für Anzeigen Roberto Sprengel

Verlagsbüros Inland
Hamburg: Tel. 040 2717-2595, Fax 040 2717-2520, E-Mail: vb-hamburg@jalag.de
Hannover/Berlin: Tel. 0511 856142-0, Fax 0511 856142-19, E-Mail: vb-hannover@jalag.de
Düsseldorf: Tel. 0211 90190-0, Fax 0211 90190-19, E-Mail: vb-duesseldorf@jalag.de
Frankfurt: Tel. 069 970611-0, Fax 069 970611-44, E-Mail: vb-frankfurt@jalag.de
Stuttgart: Tel. 0711 96666-520, Fax 0711 96666-22, E-Mail: vb-stuttgart@jalag.de
München: Tel. 089 997389-30, Fax 089 997389-44, E-Mail: vb-muenchen@jalag.de

Repräsentanzen Ausland
Belgien/Frankreich Adnative sarl, Tel. +33 1 53648890 91, Fax +33 1 45002581
E-mail: paris@adnative.net <mailto:imc@international.fr> **Grossbritannien** Publicitas Ltd, Tel. +44 20 75928300, Fax 7592 8301, E-Mail: jeremy.butchers@publicitas.com
Österreich Publimedia Internationale Verlagsvertretungen GmbH, Tel. +43 1 2115342, Fax 212 16 02, E-Mail: andrea.kuefstein@publicitas.com **Schweiz** Publicitas International AG, Tel. +41 61 275 46-09, Fax 2754730, E-Mail: basel-international-magazines@publicitas.com
Italien Media & Service International Srl, Tel. +39 02 48006193, Fax +3902 48193274, E-Mail: info@it-mediaservice.com **Spanien** Alcalá Media International Media Representations, Tel. +34 91 3269106, Fax +34 91 3269107, E-Mail: m.vandereb@alcalamedia.com
Dänemark über Verlagsbüro Hamburg **Niederlande** über Verlagsbüro Düsseldorf
Luxemburg über Verlagsbüro Frankfurt

Die Premium Magazin Gruppe im Jahreszeiten Verlag

A&W Architektur&Wohnen COUNTRY DER FEINSCHMECKER WEIN Gourmet MERIAN

Gültige Anzeigenpreisliste: Nr. 1
Das vorliegende Heft Februar 2010 ist die 2. Nummer des 63. Jahrgangs.

Preis im Abonnement im Inland monatlich 6,79 € inklusive Zustellung frei Haus.
Der Bezugspreis enthält 7% Mehrwertsteuer.
Auslandspreise auf Nachfrage. Postgirokonto Hamburg 132 58 42 01 (BLZ 200 100 20)
Commerzbank AG, Hamburg, Konto-Nr. 611657800 (BLZ 200 400 00)
Führen in Lesemappen nur mit Genehmigung des Verlages. Printed in Germany

Weitere Titel im Jahreszeitenverlag
Für Sie, petra, vital, PRINZ, Architektur & Wohnen, COUNTRY, DER FEINSCHMECKER, WEINGourmet, schöner reisen, Zuhause Wohnen, selber machen
Litho Alphabeta Druckformdienst GmbH, Hamburg.
Druck und Verarbeitung heckel GmbH, Nürnberg,
ISBN: 978-3-8342-1001-2, ISSN 0026-0029 MERIAN (USPS No. 011-458) is published monthly.
The subscription price for the USA is $ 110 per annum.
K.O.P.: German Language Publications, Inc., 153 South Dean Street, Englewood NJ 07631.
Periodicals postage is paid at Englewood NJ 07631, and at additional mailing offices.
Postmaster: send address changes to:
MERIAN, German Language Publications, Inc. 153 South Dean Street, Englewood NJ 07631.

JAHRES ZEITEN VERLAG
Ein Unternehmen der
GANSKE VERLAGSGRUPPE

MERIAN kompass

AUSGEWÄHLTE TIPPS UND ADRESSEN

WAS TUN IN THAILAND?

Niemand wohnt auf Ko Phi Phi Leh, aber Tausende kommen, um Bucht und Maya-Strand zu sehen: den schönsten der Welt

Foto: Philip Koschel

MERIAN | DAS BESTE ZUERST

Im Schatten des Ficus

Thailands größte Würgfeige bedeckt eine Fläche, die sie zum Treffpunkt macht

Wurzeln und Stämme: ein Baum, der zum Wald wurde

Mit großer Wahrscheinlichkeit ist es einem Vogel zu verdanken, dass abseits der majestätischen Tempelruinen von Prasat Hin Phimai ein weiteres Wunder zu erkunden ist. Vor 350 Jahren fiel ein Samen auf die Flussinsel Sai Ngam (»wundervoller Feigenbaum«), heute steht hier der älteste und größte Banyan-Baum Thailands. Seinen Ursprung nahm er auf einem Wirtsbaum, dort keimte der Samen, und kurz darauf wuchsen lange Wurzeln zum Boden hinunter. Es entstand ein immer größeres Gewirr aus tausenden Luftwurzeln, die den Wirtsbaum bald einschnürten. Deshalb wird *Ficus benghalensis,* die Würgfeige, auch »Baumtöter« genannt. Doch der Mord ist längst verjährt, aus dem einen Stamm sind nun mehrere geworden, die unterstützt von Pfeilern sein über 1390 Quadratmeter großes Dach tragen. Darunter tummeln sich Spaziergänger, picknicken Familien und toben Kinder. Händler bieten Essen feil und Handleser einen Blick in die Zukunft. An einem bunt geschmückten Schrein huldigen die Besucher den Geistern, die den Baum bewohnen, vielleicht ja auch dem Vogel, der allen Anfang machte. **(E 7)**

Ayutthaya

(C 7) 1350 trat der Ort die Nachfolge von Sukhothai als Hauptstadt an. Auf einer von Flussläufen umgebenen Insel entstand im Lauf der Jahrhunderte eine der prächtigsten Metropolen Asiens, Reisende aus Europa berichteten begeistert vom Glanz der 400 Tempel und Paläste. Die Eroberung durch die Birmanen setzte der Pracht 1767 ein abruptes Ende. Ayutthaya wurde geplündert und völlig verwüstet, die Trümmer verschwanden im wuchernden Dschungel, bis man sich in den 1950er Jahren auf die Erhaltung der Reste besann. Seit 1991 zählt Ayutthaya zum Welterbe. Vor der Erkundung der Ruinenlandschaft sollte man sich im **Ayutthaya Historical Study Center** ein Bild von der Blütezeit der Stadt machen. Auch das **Chao-Sam-Phraya-Nationalmuseum**, in dem beeindruckende Fundstücke ausgestellt sind, lohnt einen ausgiebigen Besuch.

Bangkok

(s. Stadtplan S. 122)
Fünfzehn Jahre nachdem die Residenz von Ayutthaya nach Thonburi verlegt worden war, zog das Königshaus erneut um. Im Jahr 1782 beschloss König Rama I. den Bau einer neuen Hauptstadt am Ostufer des Menam Chao Phraya, wo die Siedlung Ban-Kok (»Pflaumenhain«) lag. Heute sind Thonburi und Bangkok zusammengewachsen und Krung Thep, die »Stadt der Engel«, ist eine Megapolis mit vermutlich mehr als 10 Millionen Einwohnern.
Bangkok besitzt über 400 Tempel. Der meistbesuchte liegt auf dem Gelände des Königspalastes: **Wat Phra Kaeo**, der Tempel des legendären Smaragd-Buddhas (s. Kasten S. 110) **(b/c 4)**.
In der Nachbarschaft steht der meist hoffnungslos überlaufene **Wat Pho** – auch Wat Phra Chetuphon – Bangkoks ältester Tempel (ab 1789, auf dem Gelände eines Heiligtums aus dem 16. Jh.) **(c 5)**. Hier beherbergt ein Gebäude aus dem Jahr 1832 den großen »Ruhenden Buddha«. Die 46 m lange und 15 m hohe Statue ist vollständig mit Gold überzogen. Wat Pho ist nicht nur geistliches, sondern auch medizinisches Zentrum, in dem traditionelle Massagen verabreicht und alle möglichen Krankheiten behandelt werden. Viel Zeit kann man im **Nationalmuseum (b 2/3)** verbringen, das der Geschichte und Kultur des Landes gewidmet ist.
In **Thonburi**, Bangkoks Schwesterstadt auf der anderen Seite des Menam Chao Phraya, empfiehlt sich ein Besuch des **Wat Arun (b 5)**. Der »Tempel der Morgenröte« (18./19. Jh.) symbolisiert in seiner Gesamtanlage das buddhistische Universum. Den rund 80 Meter hohen zentralen Prang kann man besteigen (nur für Schwindelfreie!), die Aussicht von oben ist phantastisch.

Ausblicke eröffnen sich auch vom **Golden Mount (e 3)**. Sein edles Attribut verdankt der künstliche Hügel dem vergoldeten Chedi des **Wat Saket**, ein vor allem wegen seiner Wandmalereien sehenswertes Kloster.
Wat Benchamabophit (f 1) ist ein für Bangkoks Verhältnisse relativ moderner Tempel. König Rama V., der westlichen Einflüssen gegenüber außerordentlich offen war, ließ ihn 1899/1900 errichten. Der Bauherr sparte nicht; weißer Marmor aus Carrara fand verschwenderische Verwendung, was der Anlage auch den Namen »Marmortempel« eintrug.
Die berühmten **Klongs**, Bangkoks Wasserstraßen, verschwinden allmählich aus dem Stadtbild. Sie werden nach und nach zugeschüttet, um Asphaltpisten Platz zu machen. Auf der Thonburi-Seite kann man noch ausgedehnte Bootsfahrten unternehmen (s. S. 122). Am **Klong Bangkok Noi** steht die Bootshalle der Königlichen Barken **(a 2)**. Das Flaggschiff der Prunkflotte, die nur bei hohen Festen ausläuft, ist stolze 45 Meter lang.

Chantaburi

(D/E 9) Die Stadt an der Ostküste des Golfs von Thailand ist ein Zentrum der Edelsteinindustrie. Hier werden Saphire und Rubine aus den nahen Minen geschliffen und verkauft. Christlichen Einwanderern aus Vietnam verdankt Chantaburi das größte katholische Gotteshaus des Landes: Notre-Dame wurde 1880 nach dem Vorbild französischer Kirchen errichtet.

Chiang Mai

(B 3/4) Obwohl auch die Metropole des Nordens ständig wächst, ist sie, verglichen mit Bangkok, noch eine relativ beschauliche Großstadt. Sie ist Ausgangspunkt für Erkundungstouren in die Bergwelt Nordthailands, hat selbst aber auch einiges zu bieten.
1296 als »Neue Stadt« gegründet, war Chiang Mai bis zur Eroberung durch die Birmanen im Jahr 1556 (Rückeroberung 1775 durch König Taksin) Hauptstadt des Thai-Reiches Lanna.
In der von einem Graben umgebenen Altstadt steht der 1345 gegründete »Große Tempel« Wat Phra Singh mit bemerkenswerten Wandmalereien und Holzschnitzereien. Weitere sehenswerte Tempel (insgesamt gibt es über 300!) sind Wat Chiang Man aus der Zeit der Stadtgründung und Wat Chedi Luang mit der Ruine eines Chedi, der im Jahr 1545 einem Erdbeben zum Opfer fiel. Einen Abstecher nach Westen lohnt der auf einem Berg gelegene Wat Phra That Doi Suthep aus dem 14.-16. Jh. Eine Treppe mit mehr als 300 Stufen führt hinauf. Von oben hat man eine schöne Aussicht über die Stadt.

Hua Hin

(C 9) Zu Beginn des 20. Jhs. wurde das Fischerdorf am Golf von Thailand zum fashionable place. Mitglieder der Königsfamilie reisten zur Sommerfrische an, und die Oberschicht des Landes tat es ihnen gleich. Rama VI. ließ sich einen Sommerpalast am Strand bauen, der noch heute von den Royals frequentiert wird. Legendären Ruhm als Nobelherberge im schönsten Kolonialstil erwarb sich das 1923 eröffnete Railway Hotel.

Chiang Mai: Kinder im Paukenhaus des Phra That Doi Suthep

Kamphaeng Phet

(B 6) Ab Mitte des 14. Jh. wurde die Festung als Stützpunkt der Sukhothai-Könige am Ping-Fluss angelegt. Innerhalb der Mauern liegt der Tempel Wat Phra Kaeo, der einst eine Station auf der Odyssee des legendären Smaragd-Buddhas gewesen sein soll. Im nahegelegenen Nationalmuseum sind interessante Bronze- und Keramikfunde ausgestellt.

Kanchanaburi

(B 8) Hauptattraktion der Provinzstadt ist die Brücke über den Fluss Khwae Yai, der als »River Kwai« in die Literatur- und Filmgeschichte einging (s. S. 52).

Ko Samui

(C 12) Die vergangenen 30 Jahre und der 1988 eröffnete Flughafen haben aus dem kaum erschlossenen Inselparadies eine Touristenhochburg gemacht. Schon beim Anflug kann man einen Blick auf Samuis Hauptsehenswürdigkeit werfen: die 12 m hohe Big-Buddha-Statue am gleichnamigen Strand. Ausgedehnte Kokosnussplantagen und weiße, auch durchaus weniger belebte Strände prägen die Insel.

Krabi

(B 13) Spätestens seit Eröffnung des Flughafens (1999) ist das Hafenstädtchen kein Geheimtipp mehr. Dennoch blieb Krabi vom Massentourismus bisher verschont. Viele kommen wegen des Strandes von Phra Nang, westlich der Stadt, der von imposanten Karstfelsen gesäumt ist. Sehenswert sind auch der aus Millionen Fossilien zusammengepresste »Muschelfriedhof« Susan Hoi sowie das Höhlenkloster Wat Tham Suea, der »Tigerhöhlentempel«. Von Krabi fahren Boote zum Kletterparadies Ko Phi Phi (siehe Seite 120).

Lampang
(B 4) Die »Stadt der Pferdekarren« – hier befördern bunt bemalte Kutschen Fahrgäste – war im 15. Jh. vorübergehende Heimat des Smaragd-Buddhas. Er stand im Haupttempel, der ebenso einen Besuch lohnt wie der Wat Phra That Lampang Luang, 18 km südwestlich der Stadt. Die festungsähnliche Anlage aus dem 15. Jh. zählt zu den schönsten Tempeln des Landes. 28 km nordwestlich von Lampang liegt das Elephant Conservation Center, in dem junge Dickhäuter zu »Waldarbeitern« ausgebildet werden.

Lamphun
(B 4) 26 km südlich von Chiang Mai liegt eine der ältesten Städte Thailands. Ihre Gründung soll im Jahr 660 erfolgt sein. Bis 1281 war Lamphun Hauptstadt des Haripunchai-Königreiches. Zwei birmanische Löwen bewachen den Wat Phra That Haripunchai, eines der bedeutendsten Klöster Nordthailands. Die ältesten Teile seines vergoldeten Chedi stammen aus dem 9. Jh. In Lam phuns zweitem Heiligtum,dem Wat Ku Kut aus dem 8. Jh., stehen 60 Buddhas.

Lopburi
(C 7) Der Ort am Lopburi-Fluss blickt auf eine ruhmreiche Vergangenheit zurück: Kapitale eines Reichs der Mon, Verwaltungszentrum unter den Khmer, im 17. Jh. zweite Hauptstadt des Ayutthaya-Reichs. Damals entstanden der Sommerpalast (1665-77) König Narais und die Residenz seines griechischen Kanzlers Konstantin Phaulkon. Wahrzeichen Lopburis ist Phra Prang Sam Yot (12./13. Jh.), ein Tempel aus der Khmer-Zeit.

Mae Hong Son
(A 3) Die Lage in der Bergwelt des Nordens, 16 km von der birmanischen Grenze, macht den Ort zum Ziel für Indivi-

MERIAN | IM DETAIL

Thailands größtes Nationalheiligtum ist erstaunlich klein: Mit 66 cm Höhe und 48 cm Breite hätte der Smaragd- (engl.: »Emerald«) Buddha in jeder Schrankwand Platz. Umso großartiger liest sich die Geschichte der eigentlich aus Jade (genauer: Nephrit), der Legende nach in Indien gefertigten Figur: 1434 soll sie ein Blitz in Chiang Rai von einer Stuckschicht befreit haben. Über Chiang Mai, Lampang und erneut Chiang Mai gelangte sie nach Luang Prabang (Laos), Vientiane, Thonburi und 1784 schließlich nach **Bangkok** in den damals neu erbauten Tempel **Wat Phra Kaeo** (b/c 4). Dreimal jährlich wird Buddhas Gewand der Saison angepasst (Heiße, kühle Jahreszeit, Regenzeit), ein Ritual, das dem Monarchen persönlich vorbehalten ist.
Der 1782 erbaute Königspalast hat seine Funktion als Residenz längst verloren und dient nur noch als Rahmen für hohe Feierlichkeiten. Neben dem vergoldeten Chedi, der eine Buddha-Reliquie bergen soll, befinden sich die Bibliothek mit heiligen Schriften sowie ein Modell der Tempelstadt Angkor Wat. Im Königlichen Pantheon stehen lebensgroße Statuen früherer Herrscher der Chakri-Dynastie.

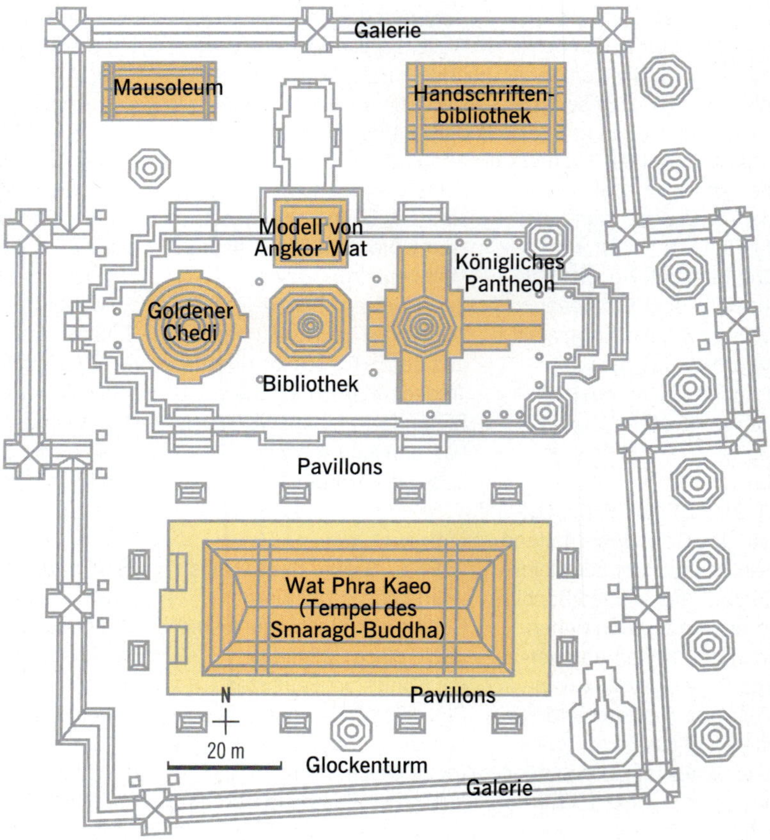

dualreisende. Bewohnt wird er von Angehörigen mehrerer Bergvölker, beliebt wie umstritten sind Ausflüge in die nahen Dörfer der Padaung, der »Giraffenfrauen« (s. S. 96). Auf einem Hügel im Westen steht Wat Doi Kong Mu. Der Tempel entstand 1874, im selben Jahr, als der einstige Lagerplatz der Elefantenfänger zur Stadt erhoben wurde.

Nakhon Pathom

(C 8) Die Provinzhauptstadt westlich von Bangkok gilt als Wiege des Buddhismus in Thailand. Im 2. Jh. v. Chr. sollen hier ceylonesische Mönche ihre Mission im Land begonnen haben. König Mongkut (Rama IV.) ließ um 1860 an dieser denkwürdigen Stätte einen großen Tempel bauen, der ein verfallenes Khmer-Heiligtum aus dem 11. Jh. ersetzte. Phra Pathom Chedi misst von der Terrasse bis zur Spitze 127 Meter und zählt damit zu den höchsten buddhistischen Bauwerken der Welt.

Nakhon Si Thammarat

(C 13) Der Ort im Süden, einer der ältesten Thailands, war bereits im 8. Jh. ein Zentrum des Srivijaya-Reiches, das sich von seinem Kernland Sumatra aus weit nach Norden erstreckte. Indonesische Einflüsse erhielten sich bis heute. Die Stadt ist für das traditionelle Schattenspiel bekannt, und die Schattenspiel-Figuren gehören zu den beliebtesten Produkten einheimischer Kunsthandwerker. Das Handicraft Center grenzt an Wat Mahathat, den bedeutendsten Tempel der Stadt. Die Spitze seines 77 m hohen Chedi (Thailands zweithöchstem) ist mit Gold überzogen.

Nan

(C 4) Das Städtchen ist keine Durchgangsstation, man steuert es gezielt an. Das lohnt sich erstens wegen der reizvollen Umgebung, die als Trekking-Region erst vor kurzem entdeckt wurde und eine Alternative zu ausgetretenen Pfaden andernorts im Norden darstellt, und zweitens, weil es im Ort Sehenswertes gibt. In einem 1903 für einen Provinzfürsten erbauten Palast (Nan kam erst 1931 zu Siam) ist eines der besten Provinzmuseen des Landes untergebracht. Es informiert über die hiesigen Volksgruppen und die Geschichte der Region. Auch im Wat Phumin, dem 1596 errichteten und wichtigsten Tempel Nans, wird Vergangenheit lebendig: Wandmalereien aus dem 19. Jh. zeigen lokalhistorische Szenen und gewähren Einblicke in die Alltagswelt früherer Tage.

Pattaya

(C 9) Thailands »westlichster« Ort liegt an der Ostküste des Golfs von Thailand. Ab Ende der 1960er Jahre verfrachtete die US-Armee erholungsbedürftige Vietnam-Krieger an den Wong Amat Beach. Inzwischen stürzen sich jährlich Millionen Menschen aus aller Welt in Pattayas Nachtleben. Sextourismus, Wassermangel und Umweltverschmutzung machen dem einstigen Fischerdorf zu schaffen. Mit dem Bau von

Sukhothai: Frauen reinigen einen Weiher in der Ruinenstadt

Phetchaburi: in der riesigen Buddha-Höhle Khao Luang

Kläranlagen nahm man sich eines von vielen Problemen an. Einen Ruf als ruhiges Familienbad wird sich Pattaya gewiss nicht erwerben. Zu sehen ist u. a. das größte aus Tropenholz errichtete Gebäude der Welt: Das »Sanctuary of Truth« (Heiligtum der Wahrheit) ist höher als 100 Meter.

Phetchaburi

(C 9) Seinen Namen (»Stadt der Diamanten«) verdankt der Ort Edelsteinen, die man einst im hiesigen Fluss fand. Hier gibt es 30 Tempel zu sehen, die teilweise noch aus der Khmer-Zeit im 11. Jh. stammen. Um 1860 entstand der Sommerpalast von König Mongkut auf einem Hügel oberhalb der Stadt. Die asiatisch-europäische Stilmischung ist interessant, die Aussicht von oben grandios. Sehenswert sind außerdem die Wandmalereien (um 1650) des Wat Yai Suwannaram im Osten von Phetchaburi und die Buddha-Höhle Khao Luang im Norden.

Phimai

(E 7) Rund 50 km nordöstlich von Korat steht das kleine Gegenstück der Tempelanlage von Angkor Wat, einige Historiker vermuten hier sogar das Vorbild für die Bauten der Khmer-Hauptstadt. Jedenfalls gilt die Tempelruine (11./12. Jh.) als bedeutendstes Heiligtum des ehemaligen Khmer-Reiches außerhalb des heutigen Kambodscha. Den Mittelpunkt der Anlage bildet ein 22 Meter hoher Prang, Symbol für den Sitz der Götter. Die Tore zu diesem Olymp ziert reicher Reliefschmuck. Außerhalb des Tempelbezirks zeigt ein Museum weitere Beispiele sakraler Khmer-Kunst. Auf einer nahen Flussinsel steht Thailands größter Banyan-Baum (s. S. 108).

Phitsanulok

(C 5) Für viele Reisende ist der Verkehrsknotenpunkt Etappenziel auf dem Weg in den Norden, manche bleiben über Nacht und besuchen von hier aus die Ruinen von Sukhothai. Dabei hat der Ort selbst eine große Vergangenheit als Handels-, Garnisons- und sogar Residenzstadt. Die meisten Relikte aus seiner Blütezeit während der Ayutthaya-Periode fielen leider dem Großbrand von 1955 zum Opfer. Den Tempel Wat Phra Si Ratana Mahathat verschonte das Feuer. So blieb auch der vergoldete Phra Buddha Jinarat aus dem 14. Jh. erhalten, eine der schönsten und beeindruckendsten Buddhastatuen in Thailand.

Phuket

(A 13) Thailands größte Insel (552 Quadratkilometer) zählt zu den beliebtesten Feriengebieten der Welt, auf dem Flughafen landeten 2008 fast 3 Millionen Reisende. Im Gegensatz zum rummeligen Patong an der Westküste hat der Hauptort Phuket City einiges Schöne aus der vortouristischen Zeit bewahrt: Im 19. und frühen 20. Jh., als Phuket noch überwiegend von Zinn-Abbau und Kautschuk-Gewinnung lebte, entstanden Geschäftshäuser und Villen, der chinesische Einfluss, auch bei

MERIAN | MAUSKLICK

Thailand ist durch www.thailandtourismus.de im Internet offiziell vertreten. Die dortigen Angaben können als verbindlich gelten. www.thailand-tourismus.de ist dagegen eine kommerzielle Seite. Sehr informativ sind die privaten Websites www.baanthai.com, www.clickthai.de und www.goerch.de sowie eine Fülle von Blogs.

den Tempeln, ist unübersehbar. Der bedeutendste Thai-Tempel der Insel, Wat Chalong, steht 8 km südwestlich der Stadt. An der Spitze der nahen Halbinsel Panwa lohnt das Phuket Aquarium einen Besuch. Östlich der Sarasin-Brücke, die Phuket mit dem Festland verbindet, liegt die Bucht von Phang Nga mit bizarren Kalksteininseln. James-Bond-Fans kennen die Gegend aus dem Film »Der Mann mit dem goldenen Colt«.

Rong Khun

(C 3) 10 km südlich von Chiang Rai entsteht seit 1997 einer der ungewöhnlichsten Tempel des Landes: Wat Rong Khun, das Projekt eines im Dorf geborenen Künstlers, ist ganz in Weiß gehalten und üppig dekoriert – irdische Anfechtungen werden hier ebenso symbolisiert wie Buddhas göttliche Weisheit.

Samut Prakan

(C 8) Die südlich von Bangkok gelegene Stadt rühmt sich zweier Attraktionen: In der Crocodile Farm, einer der größten der Welt, leben zehntausende Reptilien. Publikumsmagnet sind die Fütterungen am Spätnachmittag und die Dompteur-Shows, in denen unerschrockene Männer mit den satten und kreuzbraven Tieren »kämpfen«. Die Darbietungen sind, wie die Shows mit Elefanten und Affen, nicht unumstritten. Ancient City ist Thailand im Taschenformat. In diesem Freilichtmuseum stehen auf 80 Hektar verkleinerte Nachbauten der wichtigsten Tempel und Paläste des Landes. Dörfer können besichtigt, künstliche Wasserfälle bestaunt und aufgeschüttete Berge bestiegen werden. Die Landesgrenzen bestimmen die Form des Areals, die Sehenswürdigkeiten sind darin geografisch korrekt platziert.

Songkhla

(C 14) Verglichen mit dem benachbarten Hat Yai ist der Badeort ein wahres Idyll. Er liegt auf einer Landzunge zwischen dem See Thale Luang und dem Meer. An den Stränden tummeln sich Einheimische neben Gästen aus Malaysia und Singapur. International wie die Bevölkerung aus Thais, Malaien und Chinesen ist auch die Architektur: Chinesische Häuser bestimmen das Bild der Altstadt, ein Uhrturm à la Big Ben beherrscht die größte Kreuzung, und am Kap Samila begegnet man einer Nachbildung der Kleinen Meerjungfrau in Kopenhagen. Beliebte Ziele in der Umgebung sind die Kokosnussplantage Ban Rao, wo dressierte Affen als Pflücker arbeiten, das von muslimischen Fischern bewohnte Dorf Kao Seng mit seinen bunt bemalten Booten sowie die beiden kleinen Inseln Meo und Nu, »Katz und Maus«.

Sukhothai

(C 5) Mit mehr als 70 Quadratkilometern ist die Ruinenstadt größer als die Republik San Marino – wer viele Tempel sehen will, sollte ein Fahrrad mieten. Unter König Ram Kamhaeng (um 1277-1317) wurde (Mittel-)Thailands erste Hauptstadt zur Wiege Siams. Hier entstanden das thailändische

Rong Khun: der Weiße Tempel zwischen Kitsch und Kunst

Alphabet sowie der für die kulturelle Entwicklung des Landes wegweisende Sukhothai-Stil. Ein schönes Beispiel dafür ist der zentrale Chedi des Haupttempels Wat Mahathat (13. Jh.). Er steht in dem einst von einer Mauer umgebenen Kernbezirk, in dem sich auch das Ramkamhaeng-Nationalmuseum befindet. Dessen größte Attraktion ist ein schreitender Buddha aus dem 14. Jh.

Surin

(F 7) Jährlich am dritten Wochenende im November erwacht die Provinzstadt aus ihrem Schlummer. Dann trompeten die dressierten Elefanten zum »Elephant round up«. Die Dickhäuter paradieren im Sonntagswichs, machen Männchen und spielen Fußball. Das Fest ist auch ein »Round Up« der Touristen, denn dann ist Surin Ziel von Sonderfahrten ab Bangkok.

MERIAN | SPEZIALITÄTEN

Vorsicht, Chili!

Die Nase läuft, Tränen kullern – Thailands Köche sparen nicht an Schärfe und Abwechslung

Nichts für zarte Zungen: Die Thaiküche ist extrem scharf

Essen ist in Thailand ein beliebtes Thema. Schon bei der Begrüßung heißt es: »Hast du heute schon Reis gegessen?« Man könnte fast sagen, Essen ist hier ein Nationalsport – die einen kauen, die anderen kochen. Aber es schmeckt ja auch so gut.

Die thailändische Küche ist sehr vielfältig, verschiedene asiatische, sogar europäische Kochstile haben sie beeinflusst. Charakteristisch ist vor allem die fein abgestimmte Komposition von **Gewürzen und Kräutern** wie Koriander, Ingwer, Chili, Zitronengras, Basilikum und Soyasauce.

In Thailand ist Essen Abenteuer und Genuss für alle Sinne. Überall, auf Märkten, in Parks und Tempelanlagen, an jeder Straßenecke wird gekocht, gebraten, frittiert und gegrillt. Hinter ihren fahrbaren **Garküchen** werfen die Köche schwungvoll die Zutaten in den Wok, Minuten später liegen die köstlichsten Gerichte auf den Tellern: rotes Hähnchencurry, gedünsteter Fisch mit scharfer Tomatensoße oder gegrillte Fleischspießchen. Reis gibt es immer dazu, er ist die Basis fast aller Mahlzeiten. Unter den Suppen ist **tom yam gung** die beliebteste: sauer und scharf, sehr aromatisch, mit Gemüse und Garnelen.

Gerade an den Straßenständen schmeckt es oft besser als im Gourmettempel. Und die hygienischen Standards sind auch in Ordnung. Trauen Sie sich, auch Exotisches zu probieren, denn sonst entgehen Ihnen große Entdeckungen. Nur die Schärfe kann für böse Überraschungen und Tränen sorgen. Vor allem wenn man auf die, wörtlich übersetzt, **»Mäuse-Kot-Chili«** beißt. Neulingen der Thai-Küche sei deshalb geraten das Essen mit dem Zusatz *yan sai prik na*, »bitte kein Chili«, zu bestellen. Ebenfalls gewöhnungsbedürftig könnten für den empfindlichen Europäer einige Snacks sein: frittierte **Heuschrecken**, **Skorpione** oder **Maden** – mit ein wenig Salz und einem kühlen Bier sind das so beliebte Knabbereien wie bei uns die Erdnüsse.

BANGKOK

(f 4/5) Spring Summer
»Spring« steht für die Frische der Zutaten der innovativen Thai-Küche im Hauptraum, während nebenan im »Summer Chocolate House« süße Köstlichkeiten serviert werden. Luftiges Interieur mit viel Glas im Stil der 50er Jahre.
Sukhumvit 49/11
Tel. 0 2392 2747
www.springnsummer.com

(f 6) Blue Elephant
Berühmt und hochgelobt: der Inbegriff gehobener thailändischer Esskultur. In der schönen Kolonialstil-Villa widmet man sich ebenso vergessenen Rezepten der traditionellen Thai-Küche wie aufregenden Eigenkreationen.
South Sathorn Road 233
Kwaeng Yannawa, Khet Sathorn, 10120 Bangkok
Tel. 0 2673 9353
www.blueelephant.com

(c 2) Hemlock
Sehr lebendiges Lokal mit einem Hauch Bohème nahe der Universität. Weißer Zierputz, Kleinkunst an der Wand und experimentelles Thai-Food auf dem Teller: Den Spaß und Ehrgeiz der jungen Köche schmeckt man geradezu .
56 Phra Athit Road
Banglampu, Bangkok
Tel. 0 2282 7507

Baan Khanitha Thai Cuisine
Für Traditionalisten ist die mehrfach ausgezeichnete Baan Khanitha Thai Cuisine ein Muss. Schön scharfe, ursprüngliche Küche, vom leichten Papaya-Salat bis zur Curry-Ente. Besonders gut schmecken die schweißtreibenden Köstlichkeiten an der frischen Luft auf der Terrasse oder im Garten. Im Schwesterrestaurant »Baan Khanita & Gallery« schmeckt das Essen ebenso gut, hier gibt's auch Kunstausstellungen.
(f 4/5) 36/1 Soi Sukhumvit 23, Sukhumvit Rd.
Bangkok 10110
(f 6) 69 South Sathorn Rd.
Sathorn, Bangkok 10120
(Gallery) Tel. 0 2258 4181
bzw. 0 2675 42001 (Gallery)
www.baan-khanitha.com

(f 2) **Talay Bangkok**
Liegestühle, Swimmingpool und perlweißer Sand machen den Beachclub nahe der Rama IX zur Oase mitten in der Stadt. Serviert werden leckeres Sushi und Seafood. Außerdem: Bier vom Fass!
557 Rama IX Road, Bangkok
Tel. 0 2641 4818
www.talaybangkok.com

(A 13) PHUKET

Mom Tri's Boathouse Wine & Grill
Erste Adresse am Strand von Kata Noi für feine Diners mit französischem Einschlag dank Chefkoch Jean-Noël Lumineau. Ausgezeichnete Weinauswahl, Sa. und So. Kochkurse inkl. Marktbesuch.
2/2 Patak Rd. Kata Beach, Phuket, Tel. 0 7633 0157
www.boathousephuket.com

Siam Supper Club
Treffpunkt der Schicken und Schönen im Laguna-Gebiet an der westlichen Küste von Phuket. Die Bar serviert bei softer Jazz- und Loungemusik internationale Küche von Steaks über Fisch bis zu Pasta & Pizza. Exotische Cocktails, edle Atmosphäre mit viel dunklem Holz.
36,38,40 Lagoon Rd. Cherngtalay, Phuket
Tel. 0 7627 0936
www.siamsupperclub.com

The White Box
Minimalistisches Ambiente ganz in Weiß – und trotzdem weckt der Kubus am Kalim Beach warme Gefühle. Die hohen Fenster gehen zum Meer hinaus, wer auf der Terrasse sitzt, dem schmeckt der Mix aus mediterran angehauchten Leckereien und thailändischem Seafood sicher dreimal so gut.
247/5 Prabaramee Rd. Kalim Beach, Patong Kathu
Tel. 0 7634 6271
www.whiteboxrestaurant.com

Siam Indigo
In einer Villa im spanischen Kolonialstil in Phukets Altstadt. Speisen kann man entweder im tropischen Garten oder im schlicht-eleganten ehemaligen Verkaufsraum eines Kolonialwarenladens. Auch das Essen macht glücklich: von der andamanischen Seebrasse mit Mangosalsa bis zum frisch gegrillten Barbecue. Der Koch wählt jeden Morgen auf dem Markt die frischen Zutaten aus.
8 Phang Nga Road, Talad Yai
Tel. 0 7625 6697
www.siamindigo.com

The 9th Floor
Über den Dächern von Patong mit atemberaubendem Blick. Auch die Speisekarte punktet mit deftigen Spezialitäten aus dem mediterranen und alpinen Raum, von handgemachten Cannelloni bis zum Käse-Fondue. Über 150 Weine und kubanische Zigarren.
47 Rat-U-Thid Road Patong, Tel. 0 7634 4311
www.the9thfloor.com

(C 12) KO SAMUI

Sala Thai
Fast alles, was im Meer lebt, landet irgendwann in der Küche des vornehmen Santiburi Resort und verwandelt sich dort in eine Offenbarung. Authentische Thai-Küche, schmackhaft und bekömmlich, entschärft für europäische Gaumen. Empfehlenswert auch die üppigen Salate.

Alles, was das Meer hergibt, landet auf dem Teller

12/12 Moo 1, Mae Nam Beach Amphur Koh Samui Surat Thani
Tel. 0 7742 5 0318
www.santiburi.com

Beach Republic
Unter kleinen Schirmen werden Tapas und feine mediterrane Leichtigkeiten sowie Thai-Food für das internationale Publikum direkt am Strand aufgetischt.
176/34 Moo 4, Lamai Beach Tambon Maret
Tel. 0 7745 8100
www.beachrepublic.com

Betel Nut
Der Chefkoch gilt als Meister der Fusion-Küche. Etwas teurer als die Lokale der Umgebung, doch die Kompositionen mit japanischem oder französischem Akzent sind es wert. Tipp: Thunfischfilet mit Zitronengras und Ingwer.
Betelnut am Buri Rasa Village-Resort 11/2 Moo 2 Chaweng Beach
Tel. 0 7723 0222
www.betelnutsamui.net

The Mangrove
Genießen mit Blick auf den Mangrovenwald. Die internationalen Gerichte sind mit einem deutlich französischem Akzent verziert, beispielsweise das langsam geschmorte Lamm-Jarret mit mediterranen Kräutern oder die King Prawns in Knoblauchbutter.
32/6 Moo 4, Airport Road
Tel. 0 7742 7584
www.samui-mangrove.com

MERIAN | GUT GESCHLAFEN

Herrn Henns Haus

Das Atlanta ist seit 1952 unverändert und voller Seltsamkeiten. Sein Gründer ist eine Legende

Wie 1930 in Berlin: die Reception des »Atlanta«

Wer im »Atlanta« absteigt, muss sich belehren lassen. An etlichen Wänden hängen Verhaltensmaßregeln für das Leben im Hotel und außerhalb. Wer telefonieren möchte, bedient sich eines schwarzen Ungetüms mit Wählscheibe, wer einen Brief (keine Email!) schreiben möchte, kann an einem altertümlichen Sekretär Platz nehmen. Solche Schrullen sind Bestandteil eines Gesamtkunstwerks aus dem Jahr 1952, das ganz im Stil der europäischen Zwanziger und Dreißiger gebaut und ausgestattet ist. Seit jener Zeit, so heißt es, sei nichts verändert worden. Noch immer sehe das erste Designhotel Thailands aus wie bei seiner Eröffnung, noch immer biete der erste Hotelpool des Landes den Anblick von einst.

Das stimmt natürlich nur zum Teil. In den Siebzigern soll das Etablissement ziemlich heruntergekommen und erst später im Sinne des Gründers rekonstruiert worden sein. Der hieß Max Henn, kam aus Deutschland und starb 98-jährig im Jahr 2002. Viel mehr weiß man nicht über ihn, seine Vita besteht aus Gerüchten. Ob er ein jüdischer Germanist aus Berlin war, der als US-Geheimagent nach Thailand kam oder ob er mit Auto und Chauffeur vor den Nazis nach Indien floh und dort einem Maharadscha diente – es gibt da verschiedene Aussagen. Ob die thailändische Dame, deren Porträt in der Lobby hängt, seine Frau oder seine Geliebte war – man weiß es nicht.

Das Henn-Haus nennt sich heute »Bastion des ganzheitlichen, kultursensiblen und ökologischen Tourismus«, was immer das heißen mag. Wichtig: Es gibt keine Toleranz gegenüber Sextouristen, Krachmachern und Drogenbenutzern. Und das bedeutet vor allem Ruhe.

Fazit Guter Service und der Charme einer vergangenen Zeit.

(f 4/5) 78 Soi 2 Sukhumvit Road, Bangkok 10110
www.theatlantahotelbangkok.com
DZ ab 16 €, Suite ab 38 €, keine Kreditkarten

BANGKOK

Erstklassig

(e/f 6) Mandarin Oriental Hotel Bangkok
Das 1876 erbaute Mandarin Oriental zählt zu den berühmtesten Hotels der Welt, nicht nur wegen der Gästeschar, die von Joseph Conrad über Sir Peter Ustinov, Elisabeth Taylor, Michael Jackson bis hin zu Leonardo DiCaprio, Prince Charles und Lady Diana reicht. Auch Normalsterbliche schwärmen von der dezenten Freundlichkeit des Personals und dem exklusiven Service. Ganz abgesehen von der tropischen Gartenanlage mit zwei Swimmingpools und dem Spa, das zu den besten Asiens zählt. Gäste sollten auf keinen Fall den *High Tea* (Nachmittagstee mit Abendessen) in der Author's Lounge verpassen, im historischen Teil des Hauses.
48 Oriental Avenue
Tel. 0 2659 9000
www.mandarinoriental.com
DZ ab 235 € pro Nacht

(c 6) The Peninsula Bangkok
Die Fassade wirkt traditionell, doch im Inneren des Hauses überrascht Hightech in den mit warmen Brauntönen gestalteten Zimmern und Suiten. Das Beste: Jedes der 370 Zimmer bietet einen schwindelerregenden Ausblick über die Skyline der Stadt.
333 Charoennakom Road
Klongsan, Tel. 0 2861 2888
www.peninsula.com
DZ ab 267 €

(f 6) Lebua at State Tower
Das zweithöchste Gebäude der Stadt ragt 220 Meter in den Himmel. Ein Cocktail in der Sky Bar mit Blick auf das Lichtermeer der Stadt (s. S. 45) ist ein Muss – auch für Nicht-Hotelgäste.
Die 358 Zimmer und Suiten gehören zu den größten und schönsten in Bangkok.
1055/111 Silom Road
Tel. 0 2651 9501
www.lebua.com *DZ ab 140 €*
(Preise schwanken, je nach Saison und Buchungsportal)

Preiswert & freundlich

(f 4/5) **SilQ**
Boutiquehotel mit unaufgeregter Atmosphäre. 40 Zimmer auf acht Etagen.
54 Sukhumvit Soi 19, Sukhumvit Road, Tel. 0 2252 6800
www.silqbkk.com *DZ ab 40 €*

(d 3) **Baan Dinso**
Das Haus im Kolonialstil mit Möbeln aus den zwanziger Jahren hat nur neun Zimmer, aber viel Charme.
113 Trok Sin, Dinso Rd.
Tel. 0 26220 5603
www.baandinso.com *DZ ab 35 €*

(D 8) **Nong Nooch Tropical Garden**
Ein Resort für jeden Geldbeutel nahe Bangkok in einem der schönsten botanischen Gärten Asiens. Palmen, Orchideen, Meeresfarm, Elefantenshow und -safari, Thai-Theater.
34/1 Moo 7 Najomtien District
Sattahip, Chonburi 20250
Tel. 038 7093 5860
www.nongnoochgarden.com
DZ ab 23 €

(C 2) CHIANG SAEN

Four Seasons Tented Camp
Das »Zeltlager« ist in Wahrheit ein höchst luxuriöses Resort mitten im Regenwald des Goldenen Dreiecks. Siehe dazu S. 74/75 und S. 22/23.
P.O. Box 18, Chiang Saen Post Office
Chiang Rai 57150
Tel. 0 5391 0200
www.fourseasons.com/de/goldentriangle
Ab etwa 1000 € pro Nacht incl. Vollpension, Mahut-Training und Trekking mit Elefanten, Ausflüge, Spa

(A 13) PHUKET

Erstklassig

The Sarojin
Zwischen endlosem Strand nördlich Phuket und mehreren Naturreservaten liegen intime Villen jeweils mit See. Vielfach ausgezeichnet. S. S. 72/73.
60, Moo 2, Kukkak, Takuapa
Phang Nga 82190
Tel. 0 76427 9004
www.sarojin.com
Ab etwa 300 € pro Nacht in der Nebensaison, sonst 400 bis 550 €

Banyan Tree
Mehrfach ausgezeichnetes Resort für höchste Ansprüche. Golfplatz, Tennisplätze, Spa. (s. S. 78)
33 Moo 4, Srisoonthorn Road
83110 Bang Tao Bay
Tel. 0 7632 4374
www.banyantree.com
Luxus-Villa ab 170 €

Preiswert & freundlich

Lotus Lodge
Gemütliche Anlage zwischen mit herzlicher persönlicher Atmosphäre. Acht kleine Bungalows, Garten mit Pool.
No. 62/13-14 Moo 3 Ban Sahku
Amphore Thalang, 83110 Phuket
Tel. 0 7620 5271
www.phuket-lotus-lodge.com
Bungalow ab 40 €

(C 12) KO SAMUI

Erstklassig

Kamalaya Resort
Das umfangreiche Wellnessangebot, von Reiki bis zur Burnout-Prävention, wird ergänzt durch eine Speisekarte, die glukosearme und vegetarische Kost empfiehlt.
02/9 Moo 3, Laem Set Road
Na-Muang Koh Samui, Suratthani
Tel. 0 7742 9800
www.kamalaya.com *DZ ab 131 €*

Preiswert & freundlich

Samui Reef View Resort
Schlicht, sauber, günstig: Der australische Eigentümer kümmert sich persönlich um die Gäste.
404/23 M.1 T. Maret, Ko Samui
Surratthani 84310, Tel. 0 7741 9242
www.samui-reefview.com *DZ ab 23 €*

MERIAN | UNTER WASSER

Hinunter zum Hai

Vor der Küste Thailands liegen einige der schönsten Tauchreviere Südostasiens. Wer Glück hat, sieht einen Walhai oder einen Teufelsrochen

Planktonfresser und größter Fisch der Welt: der Walhai

Der Süden Thailands wird gleich von zwei Meeren umschlossen: vom Indischen Ozean und dem Golf von Thailand. Sporttaucher können hier über 200 Korallen- und 800 Fischarten entdecken. Ein großer Teil ihres Lebensraums ist geschützt: Als der Tauchtourismus vor über 30 Jahren begann, konterte die Regierung mit der Einrichtung von Meeresnationalparks. Heute umspannen sie ein Gebiet von über 4000 Quadratkilometern. Die fragilen Korallenriffs in den über 20 Parks sind dennoch bis heute gefährdet – unter anderem durch rücksichtslose Touristen auf Souvenirjagd.

Ein Paradies für Taucher ist die tiefe Andamanensee vor der Westküste des Landes. Zu den beliebtesten Zielen gehören die Inselgruppen **Ko Surin** (A 12), **Ko Lanta** (B 13/14) und **Ko Similan** (A 13). Weltberühmt sind die 14 Kilometer östlich von Ko Surin liegenden »Richelieu-Felsspitzen«. Sie gelten – vor allem von März bis April, als der beste Platz, um den Walhai zu beobachten, den größten lebenden Fisch. In der Umgebung der nahe beieinander liegenden Riffs von **Hin Daeng** und **Hin Muang** (B 14) lässt sich der bis zu acht Meter messende Mantarochen blicken. Die berauschende Unterwasserwelt der Andamanensee entdecken Taucher am besten auf mehrtägigen Bootstouren, da manche Riffs weitab von der Küste in unbewohnten Gebieten liegen. Übernachtet wird dabei in den Kabinen an Bord. Beliebte Ausgangspunkte für Tauchgänge sind **Khao Lak** (A 13), **Krabi** (B 13) und **Phuket** (A 13). Das wegen seiner spektakulären Korallenriffe meist besuchte Tauchrevier im Golf von Thailand ist die Insel **Ko Tao** (C 11).

Die Hochsaison hört nie auf: An der Westküste herrschen etwa von November bis April beste Bedingungen, an der Ostküste von April bis Oktober. In der Nebensaison reduzieren sich Sichtweite und Angebot.

Mehr Informationen auf www.thailandtourismus.de.

KLETTERN

Im Rücken das Meer oder den Regenwald, vor sich die steile Felswand: Thailand bietet Sportkletterern traumhafte Bedingungen. Viele Kletterschulen organisieren Ausflüge und Kurse, vom halbtägigen Schnuppen bis zum fünftägigen Intensivtraining. Fehlende Ausrüstung kann meist vor Ort gemietet werden. Außer Chiang Mai gehören die Gebiete zu Nationalparks.

Krabi

(B 13) Aus aller Welt kommen die Kletterer zu der spektakulären Halbinsel in der Provinz Krabi, um sich an deren Kalksteinfelsen zu messen. Die ragen direkt an der Küste steil nach oben, umgeben von dichtem Grün. Über 700 Routen gibt es, vor allem für Fortgeschrittene (etwa ab Schwierigkeitsgrad 6a). Besonders die Ton-Sai-Bucht bringt Kletterer ins Schwärmen. Die Orte sind nur per Langboot erreichbar, entweder direkt von Krabi oder von Ao Nang, bieten aber Übernachtungsmöglichkeiten. Eine gute Kletterschule in Ton Sai ist das Basecamp Tonsai (**www.basecamp.designchemical.com**), in Rai Leh Ost die King Climbers (**www.railay.com**) im Ya-Ya-Resort.

Ko Phi Phi

(B 13) Auf den etwa 25 Kletterrouten der tropischen Insel ist ein schöner Ausblick garantiert. Kletterschulen bieten neben Anfängerkursen auch »Deep Water Soloing«-Ausflüge an, bei denen über dem Wasser liegende Felsen ohne Sicherung erklettert werden. Wer nicht mehr kann, lässt sich ins Wasser fallen.

Chiang Mai

(B 3/4)) Sichere Kletterrouten und gute Anfängerkurse gibt es auch im Norden Thailands. Die »Chiang Mai Rock Climbing Adventures« (**www.thailandclimbing.com**) organisiert von der Stadt aus Klettertouren ins Umland. Das Unternehmen wird profesionell geführt und profiliert sich auch mit Teambildungsseminaren.

NATIONALPARKS

Heute schützen in Thailand fast 150 Nationalparks etwa 16 Prozent der Landesfläche. Besonders am Wochenenden sind sie beliebte Ausflugsziele, ansonsten ist es ruhiger. Ausländer zahlen meistens 200 Baht Eintritt, bei weniger bekannten Parks die Hälfte oder gar nichts. Vielerorts können Besucher in Zelten oder Bungalows übernachten. Englischsprachige Guides sind nicht die Regel. In der Regensaison sind viele Parks teilweise oder ganz geschlossen.

Buchung und Infos auf Englisch: www.dnp.go.th/index_eng.asp.

Doi Inthanon

(A/B 4)) Der Nationalpark umschließt Thailands höchsten Berg, den Doi Inthanon (2590 m). Hauptattraktion sind die Wasserfälle, besonders der Mae-Klang. In seiner Nähe leben **360 Vogelarten**. Bevor der Park 1978 eröffnet wurde, hatten die ansässigen Bergstämme durch Brandrodung und Opiumanbau einen Großteil des Waldes zerstört. Förderprojekte bewegten die Menschen, auf verträglichere Produkte wie Blumen, Gemüse und Früchte umzustellen.

Erawan

(B 7) Beliebtes Ausflugsziel zum Picknicken und Baden. Das liegt vor allem an den **Wasserfällen**, die in sieben Stufen nach unten rauschen. Manchmal in einem Strom, manchmal als herrliche Kaskade über zahlreiche Kalksteinplatten. Wer Ruhe sucht, folgt dem steilen Weg etwa anderthalb Stunden bis ganz nach oben. Die meisten Ausflügler bleiben weiter unten.

Sieht schön aus, stinkt aber zum Erbarmen: Rafflesia kerrii

Kaeng Krachan

(B 9) Fast 3000 Quadratkilometer umfasst der größte Nationalpark Thailands.
Das sehr hügelige, größtenteils von dichtem Regenwald bedeckte Gebiet ist noch wenig erforscht und bietet sich vor allem für ausgedehnte, mehrtägige **Trekkingtouren** an.
Im Park leben unter anderem Leoparden, Tapire, Nashornvögel und Gibbons. Vor einigen Jahren sichteten Forscher sogar ein Siam-Krokodil. In Thailand soll nur noch eine Handvoll der vom Aussterben bedrohten Tierart leben.

Khao Sam Roi Yot

(C 9) Mangrovenwälder, spektakuläre Höhlen, Strände, belebte Sumpfgebiete, eine Vielzahl an Wasservögeln und seltene Tiere wie der südliche Serau, ein ziegenartiger Paarhufer: Durch die verschiedenen Ökosysteme ist der Park äußerst vielfältig. Umso erstaunlicher ist es, dass die Regierung lange Zeit trotz Schutzstatus zahlreiche zerstörerische Garnelenfarmen gewähren ließ. Ein Teil der **Mangrovenwälder** ist heute jedoch wieder aufgeforstet.

Khao Sok

(A/B 12) Der tropische Regenwald des Parks ist durchsetzt von spektakulären Karstfelsen und einer Vielzahl von Wasserfällen. Durch den **Primärdschungel** führen **Wanderwege**, auch per Fahrrad oder Boot kann er erkundet werden. Bekannt ist der Park für eine Blume: Die parasitäre »Bua Phut« (*Rafflesia kerrii*) hat zwar keine Blätter und Wurzeln, dafür eine der größten Blüten der Welt. Bis zu 80 Zentimeter wird sie groß – und stinkt gewaltig nach verwesendem Fleisch.

Khao Yai

(D 7/8) Der älteste Nationalpark Thailands (1962 gegründet) ist durch eine gute Infrastruktur und ein dichtes Wegnetz zugleich einer der attraktivsten. Seit 2005 gehört der über 2000 Quadratkilometer große Park zum Unesco-Weltnaturerbe, das sich durch weitere geschützte Gebiete bis zur kambodschanischen Grenze zieht. **Grasbedeckte Steppen und dichter Urwald** prägen die Landschaft, die unter anderem von Bären, asiatischen Elefanten und Gleithörnchen bevölkert wird. Das Klima ist angenehm kühl.

Phu Kradueng

(D 5) Von den Monsunwäldern des Tieflands aus erklimmt man auf einer knapp sechs Kilometer langen Wanderung das **Hochplateau**. Hier liegt die Durchschnittstemperatur bei 15 Grad, im Winter wird es empfindlich kühl. Belohnt werden die Wanderer mit Pinienenwäldern, **Rhododendrenhainen**, Eichen und Ahornbäumen, seltenen Vogelarten, Affen, Wildschweinen und Elefanten. In den Feuchtgebieten gedeihen Orchideen und fleischfressende Kannenpflanzen. Beste Besuchszeit ist November und Dezember, wenn sich die Blätter färben und die Blumen blühen.

Tarutao

(B 14/15) Der Meeresnationalpark umfasst fast 1500 Quadratkilometer der Adamansee und 51 meist unbewohnte Inseln. Auf einigen sind Übernachtungen möglich. Luxus suchen die Gäste dort vergebens, den gibt es dafür in der Natur in Form von einsamen Buchten, Tropfsteinhöhlen und Korallenriffen.

Unterwegs mit Bangkoks Gondolieri

Eine Flussfahrt lässt das Chaos der Stadt schnell vergessen. Vor allem im westlichen Stadtteil Thonburi, einem Labyrinth aus kleinen Kanälen, geht es noch gemächlich zu

Die wichtigste Wasserader Thailands, der **Menam Chao Phraya**, schlängelt sich durch Bangkok. Und auf ihm die Expressboote, mit denen man schnell zu den Sehenswürdigkeiten entlang dem Fluss gelangt. Früher war ganz Bangkok von Wasserkanälen durchzogen – unter Reisenden hieß es deshalb auch »Venedig des Ostens«. Heute sind viele der *klongs* zugeschüttet. In **Thonburi** aber, einem Stadtteil, der noch aus vielen solcher Kanalstraßen besteht, lässt sich das alte Bangkok erahnen. Organisierte Touren durch das Wasserlabyrinth steuern meist die eher uninteressanten Touristenspektakel wie den »Schwimmenden Markt« von **Wat Sai** an. Deshalb mietet man sich am besten selbst am **Chang Wang Luang Pier (b 3/4)** ein Longtail-Boot mit Fahrer – der Preis pro Stunde sollte 500 bis 600 Baht betragen. Der Weg nach Thonburi führt erst den Chao Phraya flussaufwärts, dann links in den **Bangkok Noi-Kanal (a 2)**. Langsam, wie auf einer Zeitreise, verändert sich die Umgebung – im **Chak Phra-Kanal** ist es schon geradezu ländlich. Vorbei an einfachen Holzhäusern, im Wasser spielenden Kindern, Orchideengärten und kleinen Paddelbooten geht es den *klongs* folgend zurück auf den Chao Phraya. Zum Abschluss der Flusstour empfiehlt es sich am **Thien Pier (b 5)** auszusteigen. Dort steht der **Tempel Wat Pho**, berühmt für seinen liegenden, goldverzierten Buddha.

MERIAN-Straßenkarte
THAILAND
Autobahn, Schnellstr.
mehrspurige Autostraße
Fernverkehrsstraße
Hauptstraße
Nebenstraße
Piste
Flughafen, Flugplatz
UNESCO-Welterbe
Buddh. Tempel
Höhle
Archäologische Stätte
Aussichtspunkt
Strand
heiße Quelle
Nationalparkgrenze
Nationalpark
© MERIAN-Kartographie
BHUTAN
INDIEN
BANGLA-DESCH
CHINA
s. Straßenkarte
MYANMAR (BIRMA)
LAOS
THAILAND
VIETNAM
KAMBODSCHA
PHILIPPINEN
TAIWAN (Rep. China)
BRUNEI
MALAYSIA
SINGAPUR
INDONESIEN
Südchinesisches Meer
Golf von Thailand
Indischer Ozean
Andamanen (Ind.)
Nikobaren (Ind.)
Kalimantan (Borneo)
Sulawesi (Celebes)
Sumatra
Java
Bali
MYANMAR (BIRMA)
CHINA
LAOS
VIETNAM
Goldenes Dreieck
Chiang Rai
CHIANG MAI
LAMPANG
Phitsanulok
Uttaradit
UDON THANI
VIANGCHAN (VIENTIANE)
Nong Khai
Luang Prabang (Louangphabang)
Sakon Nakhon
Nakhon Phanom
Savannakhet (Muang Khanthabuli)
Mawlamyine (Moulmein)
Mekong
Sai Phu Luang
Sai Phu Phanang
Dawna Range

Bangkoks: Eine Flussfahrt auf einem Longtail-Boot

ßen Städten meist feste Routen (5-20 Baht), können auch als Sammeltaxi genutzt werden. **Taxis** sind nur in Bangkok, Chiang Mai, auf Phuket und Ko Samui mit Taxametern ausgestattet. Ansonsten muss der Preis im Voraus verhandelt werden. Eine Strecke von zehn Kilometern kostet ca. 120-150 Baht. In Bangkok gibt es neben der U-Bahn den **Skytrain**, eine Hochbahn mit drei Linien **(www.bts.co.th)**. In größeren Orten können **Motorräder** oder **Autos gemietet** werden (Achtung, Linksverkehr!). Beim Anmieten auf keinen Fall den Reisepass als Pfand abgeben (besser nur eine Kopie oder eine Anzahlung mit Quittung). Die Fahrzeuge zuvor auf Schäden überprüfen und auf Vollversicherung bestehen. Notwendig ist ein internationaler Führerschein. Auf dem Wasser verkehren Boote und Fähren. Häufig gibt es fahrplanmäßig fahrende **Linienboote**. Manchmal muss ein **Boot gechartert** werden.

ZOLL

Es dürfen keine Buddhastatuen ausgeführt werden (auch keine Teile), Antiquitäten und Tierprodukte benötigen eine Genehmigung. Weitere Vorschriften unter **www.auswaertiges-amt.de**

VERANSTALTUNGEN

Sanuk, die „reinste Lebensfreude", zeigt sich in der Vielzahl staatlicher, religiöser und regionaler Feste. Hier eine Auswahl: Das buddhistische **Songkran-Fest** ist eine der traditionellen **drei Neujahrsfeiern** in Thailand. Ursprünglich wurden Buddhastatuen mit Wasser besprengt, heute kommt es um die Zeit **13. bis 15. April** zu wahren Wasserschlachten. Prozessionen mit Blumen und Kerzen erinnern im **Juli** beim **Khao Phansa** an die erste öffentliche Predigt Buddhas. Danach beginnt die dreimonatige Fastenzeit. Das Lichterfest **Loy Kratong** gilt als schönstes aller Feste. Zu Ehren der göttlichen Mutter des Wassers werden gegen **Ende November** Millionen kleiner Schiffchen auf Flüsse und Seen gesetzt. Im Norden steigen Heißluftballons in den Himmel. Noch exotischer ist das **Vegetarian Festival** im **Oktober** auf Phuket. Nach chinesischem Ritual lassen sich junge Männer in Trance Speere durch die Wangen stecken oder Haken am Körper befestigen.

MERIAN | IN 20 SEKUNDEN SCHLAUER

In Thailand sind Elefanten hoch verehrte Tiere. Während es im 19. Jh. noch **100 000** Dickhäuter gab, wird ihre Zahl heute auf etwa **4000** geschätzt. Davon sind **2000** wildlebend und **2000** gezähmt. Letztere leben in Trekkingcamps oder Vergnügungsparks. Vor etwa 40 Jahren kamen die ersten Dickhäuter in Thailands Städte, auf Bangkoks Straßen dienen rund **200** Elefanten als Touristenattraktion. 2009 eröffnete Thailands erstes Elefanten-Pflegeheim, das **30** alten Tieren ein Zuhause bietet.

ZEITLEISTE | 1300 JAHRE GESCHICHTE

2004

Am 26. Dezember rrollt ein Tsunami die Küste an Andamanensee – allein in Thailand t man 5 395 Tote

2006/07

Ein Putsch beendet die Regierung Thaksin Shinawatra. Die Parlamentswahlen 2007 gewinnt die Thaksin-nahe People's Power Party (PPP). Seitdem gibt es gewalttätige Zusammenstöße zwischen Regierungsgegnern und -befürwortern

2008/09

Die Unruhen gipfeln 2008 in der Besetzung der beiden Flughäfen Bangkoks. Nach dem Verbot der PPP wird der Führer der oppositionellen Demokratischen Partei neuer Regierungschef. Mehrmals wurde bereits der Notstand in Bangkok ausgerufen

MERIAN | VERHALTENSREGELN

Auf keinen Fall: den König beleidigen (z.B. auf einen Geldschein mit seinem Porträt treten) – Schleppern folgen – illegale Drogen konsumieren – fremdes Gepäck durch den Zoll bringen – Abfall auf Bangkoks Straßen werfen.
Im Umgang mit Thais: Der Kopf ist heilig (nicht berühren oder etwas darüberreichen) – die Füße sind unrein (niemandem entgegenstrecken) – Schuhe ausziehen (vor Tempeln, Wohnungen und Läden) – zur Begrüßung keine Hände schütteln („Wai": Handflächen aneinanderlegen, Kopf leicht senken) – öffentliche Berührungen zwischen Männern und Frauen sind unüblich.

ANREISE

Deutsche, Österreicher und Schweizer, die sich nicht länger als 30 Tage in Thailand aufhalten wollen, benötigen kein Visum. Sie erhalten bei der Einreise eine Aufenthaltsgenehmigung (Transit Visa). Wer auf dem Landweg nach Thailand reist, erhält nur eine 15-tägige Genehmigung.
www.thaiembassy.de
Internationale Flugverbindungen bestehen vor allem nach Bangkok. Nonstop- und Direktflüge bieten u.a. LTU, Lufthansa oder Thai Airways ab ca. 530 € an. Die beste Reisezeit sind die Monate von November bis Februar. Von Mai bis Oktober herrscht meist Regenzeit.

AUSKUNFT

Die Tourist Authority of Thailand (TAT) hat Broschüren, Karten und Pläne für öffentliche Verkehrsmittel:
4 Ratchadamnoen Nok Avenue, Bangkok 10100
Tel. 0 2282 9773
www.tourismthailand.org

BOTSCHAFTEN KONSULATE

Deutschland
Bangkok
9 South Sathorn Road
Tel. 0 2287 9000
(Notfallnr. 0 81845 6224)
Chiang Mai, 199/163 Moo 3
Baan Nai Fun 2
Kan Klong Chonpratan Road
Tel. 0 5383 8735
Österreich
Bangkok
14 Soi Nandha, off Soi 1
Sathorn Tai Rd.
Tel. 0 2303 6057, -58
Chiang Mai, 15 Moo 1
Huay Kaew Road
Tel. 0 5340 0231
Schweiz
Bangkok
35 North Wireless Road
Tel. 0 2253 0156 -60

GELD

1€ = 50 Baht (Dez. 2009)

NOTRUF

Polizei: 191
Feuerwehr: 199
Touristenpolizei: 1155
Medizin. Notfalldienst: 1669

TELEFON

Landesvorwahl Thailand: ++66, die Null der Ortsvorwahl entfällt.
Bei Ortsgesprächen muss die Ortsvorwahl mitgewählt werden (u.a. Bangkok: 02, Chiang Mai: 053, Phuket 076, Pattaya: 038). Gespräche innerhalb Thailands werden von grünen Telefonkarten-Automaten geführt, Auslandsgespräche von gelben. 7-Eleven-Läden verkaufen „international calling cards" für Mobiltelefone. Handy-Anschlüsse verfügen u.a. über die Vorwahlnummern: 081, 083 bis 089.

UNTERWEGS

Das bequemste Transportmittel Thailands ist die Bahn, v.a. die »Sleepers« für Übernachtfahrten. Bangkok ist der Knotenpunkt des Bahnnetzes. Für mehrere Langstreckenfahrten lohnt sich der Rail Pass **(www.railway.co.th)**.
Das Bussystem in Thailand ist gut ausgebaut. Die meist roten, staatlichen Busse fahren

Erholung vom Verkehrschaos dem Menam Chao Phraya mi

sämtliche Städte und Siedlungen an. Sie sind günstiger als die privaten Busgesellschaften, dafür auch langsamer und weniger komfortabel **(www.transport.co.th)**. Innerhalb der Städte verkehren u.a. **dreirädrige Minitaxis**, »Samlors« oder »Tuk-Tuks«, der Fahrpreis muss vorher ausgehandelt werden. **»Songthaews«** sind kleine Pick-ups. Sie fahren in gro-

---

19. Jh. …a IV. und seine …ger reformieren das Land nach …chen Vorbildern …bschaffung der …rei, Ausbau des …dungssystems)

1932 Nach einem unblutigen Staatsstreich wird die absolute Monarchie von einer konstitutionellen abgelöst. Seit 1939 heißt Siam Thailand: »Land der Freien«

1946 Bhumibol Adulyadej wird König und repräsentiert bis heute als Rama IX. das Land. Die folgenden Jahrzehnte sind geprägt durch Militärputsche, Staatsstreiche und meist brutal niedergeschlagene Aufstände

ab 1964 Stationierung von bis zu 45 000 US-Soldaten während des Vietnamkriegs

1976 Das Massaker von Polizei und Bürgerwehr an hunderten Studenten der Thammasat-Universität beendet drei Jahre Demokratie

1997 Asiatische Wirtschaftskrise: Der Baht erfährt eine dramatische Abwertung, die Wirtschaft bricht zusammen. Internationale Kredithilfen für Thailand

ab 2001 Muslimische Aufstände im Süden Thailands nehmen zu. Es kommt zunehmend zu Anschlägen. 2005 wird der Süden zum Notstandsgebiet erklärt

üb… de… zäh…

Orte

Ayutthaya (Phra Nakhon Si A.)	C 7
Ban Phai	E 6
Bangkok	C 8
Bangsak	A 12
Chantaburi	D/E 9
Chiang Mai	B 3/4

Inseln

Klöster

UNESCO-Welterbe

MERIAN | RÜCKBLICK

Thailands Teufelsinsel

Erst Gefängnis-, dann Pirateninsel und heute Nationalpark: die Geschichte von Ko Tarutao

Abenteurer statt Piraten: der Nationalpark Tarutao heute

Zwanzig Kilometer vor der Westküste Thailands liegt die Inselgruppe Tarutao. Schwer erreichbar, war sie lange Zeit von der Zivilisation abgeschnitten und von Seenomaden bewohnt. Im Meer lauerten Haie, in den Mangrovensümpfen Krokodile und Malariamücken – keine menschenfreundliche Gegend.

Doch diese unwirtlichen Bedingungen machten die größte unter den Inseln, **Ko Tarutao**, zum idealen Standort für ein Gefängnis. Ab **1938** wurden hierher mehr als 10000 Thais geschickt, nach fehlgeschlagenen Putschs auch politische Häftlinge: Mitglieder der Königsfamilie, Offiziere und Intellektuelle, darunter auch So Sethabutra, der auf der Insel das erste Thai-Englisch-Wörterbuch verfasste. In einer Art »offenem Gefängnis« waren er und andere politische Gefangene im Südosten der Insel untergebracht. Weit entfernt von den »normalen« Sträflingen an der Ostküste. Diesen Unterschied machte die Malaria nicht. Auch an der unregelmäßigen Nahrungs- und Medikamentenversorgung litten alle gleichermaßen – auch die Wachmannschaften. Insgesamt starb ein Drittel der Häftlinge an Fieber, Hunger oder durch die Brutalität der Aufseher. Während des Zweiten Weltkriegs spitzte sich die Lage zu. Von Hungersnot getrieben, verbündeten sich Gefangene und Wärter und wurden Piraten. Sie plünderten Handelsschiffe in der Straße von Malakka und versetzten Reisende in Angst und Schrecken. Erst **1946** gelang es einer britischen Marineeinheit, die Piraterie zu beenden. Kurz danach wurde das Gefängnis aufgelöst, Bauern und Fischer besiedelten die Insel. Als **1974** die Tarutao-Inseln **Nationalpark** wurden, mussten die neuen Bewohner weichen. Es kamen Parkwächter, die, wie zuvor die Gefangenen, mit der schlechten Versorgung zu kämpfen hatten. Und nicht nur damit: Immer wieder attackierten illegale Fischer die Nationalpark-Pioniere – einmal mussten sie sogar per Hubschrauber gerettet werden. Heute sind die Inseln ein kaum berührtes Naturparadies. **(B 14) Infos siehe Seite 120.**

ZEITLEISTE | 1300 JAHRE GESCHICHTE

8.-11. Jh. Thai-Völker aus Südchina und Nordvietnam dringen in das heutige Nord- und Zentralthailand vor

1250 Es entstehen zwei unabhängige Königreiche: Lanna in Nordthailand, Sukhothai im Süden

um 1350 Die Stadt Ayutthaya wird zur mächtigsten Stadt Südostasiens

1511 Portugiesische Händler, Missionare und Diplomaten treffen in Ayutthaya ein

17. Jh. Es folgen Handelsniederlassungen der Briten, Franzosen, Holländer und Dänen. Nach 1688 schottet sich das Reich wieder gegen den Westen ab

1767 Birmanen plündern Ayutthaya und brennen es nieder. General Taksin eint das Land wieder. 15 Jahre später wird er vom adligen General Phraya Chakri gestürzt. Dieser begründet die noch heute herrschende Chakri-Dynastie. Bangkok wird die neue Hauptstadt Siams

ab 1809 Das Königreich nimmt die Handelsbeziehungen zu den westlichen Mächten wieder auf, um eine Kolonialisierung zu verhindern

Ran
Nachfo
westli
(A
Sklave
B

MERIAN | AUSGEWÄHLT

Alltag auf Thailändisch

»Typisch Thai« enthüllt Geheimnisse und lässt staunen – über die Volkskultur Thailands

Eigentlich müssten Thailänder fliegen können – so viel Red Bull und andere Energiedrinks konsumieren sie. Thais trinken das aufputschende Gebräu aber nicht, um die Nacht durchzutanzen, sondern um ihre Arbeit zu überstehen. So halten all die kleinen handlichen Flaschen Thailand wach und ohne Nickerchen am Schuften.

In »Typisch Thai« trägt der Autor Philip Cornwel-Smith einige Skurrilitäten zusammen. Das sind neben dem Faible für Energiedrinks etwa kleine Taxi-Altäre, an Glückszahlen gebundene Preise oder Heuschrecken-Snacks für zwischendurch. Reich bebildert bietet das Kuriositätenkabinett einen Einblick in die thailändische Alltagskultur, die auf Touristen oft rätselhaft und faszinierend wirkt. Mit Improvisation und Kreativität gelingt es den Thailändern, Tradition und Moderne zu verbinden – so grüßt Ronald McDonald eben mit der typischen »Wai«-Geste am Eingang des Fast-Food-Ladens.

Ein buntes Buch, das Kulturschocks vorbeugt, in Urlaubserinnerungen schwelgen lässt und amüsiert.

Typisch Thai. Alltagskultur in Thailand
Philip Cornwel-Smith, John Goss, Edition Temmen 2009, 256 S., 19,90 €

REISEFÜHRER

Merian live! Thailand
Thomas Barkemeier, Travel House Media 2009, 128 S., 9,95 € Übersichtlich gestaltet, vereinfacht er den Einstieg

in das Land und seine Regionen. Als bester Kompakt-Reiseführer ausgezeichnet. Mit herausnehmbarer Karte.

Thailand Handbuch
Rainer Krack, Tom Vater, Reise Know-How 2008, 876 S., 25 € Treuer Begleiter für Individualtouristen. Prall gefüllt mit Informationen – auch fern der üblichen Pfade.

Thailand. Stefan Loose Travel Handbücher
Volker Klinkmüller, Renate und Stefan Loose (u. a.), DuMont 2009, 940 S., 26,95 € Aktuell recherchiert und neu aufgelegt. Ein Symbol weist auf ökologische und sozial faire Projekte hin.

LITERATUR

Der Preis der Leichtigkeit
Andreas Altmann, Piper 2009, 236 S., 11,95 € Ohne festen Plan reist Altmann durch Thailand, Kambodscha und Vietnam. Dabei interessiert er sich für die kleinen Dinge, beobachtet und bringt die Menschen zum Reden.

Reise nach Thailand. Geschichten fürs Handgepäck. Übersetzt von Kirsten Ritscher u. Heike Werner, Unionsverlag 2007, 216 S., 9,90 € Zwölf preisgekrönte Kurzgeschichten bieten einen Einblick in die zeitgenössische Literatur Thailands.

Sightseeing
Rattawut Lapcharoensap, Kiepenheuer & Witsch 2006, 234 S., 8,95 € In sieben Abschnitten erzählt der thailändische Autor über Touristen, Traditionen und Teenager und blickt hinter die Kulissen.

BILDBÄNDE

Bangkok noir
Roger Willemsen, Ralf Tooten 2009, 365 S., 26,95 € Drei Monate in Bangkoks Nächten. Tootens Bilder und Willemsens Erlebnisse öffnen den Blick in eine unbekannte Welt zwischen Abend und

Morgen. Suggestiv in Bild und Text. Lesen Sie das Gespräch mit dem Autor auf S. 46.

Bangkok
Peter Nitsch, Rupa Publishing 2007, 132 S., 35,90 € Bangkoks Alltag, ungeschönt und authentisch. Im Fokus sind die Stadt und ihre Bewohner zwischen Hektik und Ruhe, Tradition und Moderne.

Highlights Thailand
Die 50 Ziele, die Sie gesehen haben sollten. Kay Maeritz, Bruckmann 2009, 168 S., 24,95 € Märchenhaft und zeitlos zeigt sich Thailand von Chiang Mai im Norden bis Ko Samui im Süden. Mit vielen Tipps zu Hotels und Sehenswürdigkeiten.

KOCHBUCH

Thailand
Margit Proebst, Gräfe & Unzer 2004, 168 S., 19,90 €

Hähnchencurry ist nicht alles, was die thailändische Küche hergibt. Das beweisen die 90 geschmackvoll bebilderten Originalrezepte.

FILM

Hotel Very Welcome
Sonja Heiss, DVD 2008, 90 Min., ca. 18,95 € Beach-Partys, Drogentaumel, verpasste Rückflüge und gescheiterte Meditationsversuche. Humorvoll und authentisch zeichnet der Film ein Bild der Generation »Backpacking«.

DAS NÄCHSTE MERIAN IM HANDEL AB 25. FEBRUAR 2010

Steiermark

Der Heimat treu: Klaus Maria Brandauer

Wo die Zukunft forscht: Universität Graz

Dem Genuss verpflichtet: Johann Lafer

Wo das Herz zu Hause ist: am »Grünen See«

Schroffe Berge im Norden, **sanfte Hügellandschaft** im Süden: MERIAN erkundet die abwechslungsreiche **Steiermark** zu Fuß, mit dem Rad und auf Ski, macht **Urlaub auf dem Weinbauernhof**, trifft **Arnold Schwarzenegger** in seinem Geburtshaus, speist mit **Johann Lafer** in einem Landgasthaus und ist zu Besuch bei **Klaus Maria Brandauer** in Altaussee.

Zuletzt erschienen

August 2009

September 2009

Oktober 2009

November 2009

Dezember 2009

Januar 2010

In Vorbereitung: Toskana und Elba, Aachen, Wallis.
Zu bestellen unter: 040 87973540 www.merian.de